MAS FUTURO QUE HISTORIA

DE LA TRAGEDIA A LA BENDICIÓN

REV. HÉCTOR POCHY CIARES

ÍNDICE

El proceso de escribir mi libro fue como un paseo por toda mi alma que me estaba sanando en mi interior.

— REV. HÉCTOR

PRÓLOGO

Cuando uno cree que ha pasado por grandes sufrimientos, pero se encuentra con testimonios como éste del evangelista Héctor (Pochy) Ciares quedándose ciego en plena juventud; entonces, no le queda a uno más que avergonzarse por emitir tanta queja, por nada, y darle gracias a Dios por sus misericordias y bondades.

Gracias a Dios también porque Él tiene el control de cada respirar, de cada circunstancia de todos los seres, buenos o malos, creyentes o no creyentes. Los que no creen, tarde o temprano terminan por rendirse y reconocer que efectivamente, Dios es Todopoderoso.

Pero Dios ES AMOR, por eso de Él brota sólo Amor y con Amor eterno, como nunca dejó de llamar al Rev. Ciares, así nos llama a todos.

Por este breve pero muy intenso e impactante testimonio sabemos, confirmamos y nos alegramos de que Dios nunca nos abandona... y que, si caemos en una debilidad,

Su Poder es mayor, nos reivindica, y nos hace más que vencedores en Cristo Jesús, Señor nuestro.

Amado lector: Estoy segura de que su corazón latirá con fuerza, mientras lee este maravilloso libro, para ver cómo el Señor le sigue llevando al evangelista y Rev. Héctor (Pochy) Ciares... De la tragedia a la bendición.

— SADIE HERNÁNDEZ DIRECTORA DE LA REVISTA INTERNACIONAL "SÚBETE AL ARCA" FUNDADOR DE "LIVING WORD PUBLISHING HOUSE"

AGRADECIMIENTO

El haber escrito este libro sobre la historia de mi vida fue más difícil de lo que pensaba, pero al mismo tiempo fue más gratificante de lo que jamás yo hubiera imaginado. Tengo que empezar agradeciendo,

A mi Dios y Padre celestial quien por su gracia y misericordia me ha dado **Más futuro que historia.**

A mi familia.

A mi maravillosa esposa, Jacqueline Ciares por su inmenso apoyo, que incontables maneras siempre encontró la manera de animarme con cariño. Mi vida no puede parar de ser agradecido con ella por ser entendida todo el tiempo que requería escribir este libro, desde leer conmigo pacientemente los primeros borradores hasta darme buenas sugerencias en todo el proceso de esta obra literaria, ella fue tan importante como yo para terminar este libro. Muchas gracias, mi amor.

A mi tía Lucila Molina: por ser siempre la persona a la que podía recurrir durante esos años oscuros y desesperantes. Ella me demostró su amor de tantas formas que necesitaba y nunca podré olvidarlas. Particularmente cuando con amor y paciencia por muchas horas me leía libros de sermones en mi desarrollo como predicador. Realmente no tengo idea de cómo lo hubiera hecho si ella no me hubiera dado la mano o se hubiera convertido en la figura materna que necesitaba a esa temprana edad después que mi madre Elsy falleció.

A mi tío Darío Molina, quien siempre me trato como a uno de sus hijos. Fue mi Pastor, también un padre y un gran amigo quien oraba muchas noches juntamente conmigo al pie de mi cama cuando quede ciego, me demostró espiritualidad, compañerismo, fraternidad y mucho más, siempre fue más allá de lo que yo pudiera esperar y el me planto semillas de conocimiento y el camino para tener éxito en la vida.

A mi prima Camille y su esposo Frank Loran que siempre estaré en deuda con ellos por su ayuda y apoyo continúo proveyendo su hogar durante las vacaciones del verano cuando criaba a mis hijos como padre soltero. Gracias a sus esfuerzos que pude ser el padre que mis hijos necesitaron y darles estabilidad emocional.

Un agradecimiento muy especial a mi querido Padre Héctor Ciares quien aún a la distancia, cuando niño siempre estuvo presente durante el desarrollo de mi vida, especialmente haciendo los largos viajes para visitarme a Nueva Jersey cuando más lo necesite al quedar ciego. Me enseño_disciplina, amor duro, respeto, modales, y mucho más para afrontar la vida. A su amada esposa María Ciares con quien estoy profundamente agradecido por sinceramente amarme como a su propio hijo cuando no tenía que hacerlo de tal manera que lo que le falto fue parirme. Ella es como un Ángel sin alas que siempre ha estado allí a mi lado durante mis luchas y logros en la vida. Especialmente ayudándome a criar a mis hijos y ser un padre para ellos en un ambiente familiar creando memorias familiares inolvidables.

A mis hermanos pequeños, Enrique, Jorge, Charlie, mi hermana Janim, también mis primos José, Garibaldi, Daniel, y David, gracias a todos ustedes por hacerme saber que siempre podía contar con ustedes, los amo.

Finalmente, a todos los que han sido parte de esta jornada, el Pastor Cesar Camacaro de Venezuela quien invirtió tiempo y esfuerzo compartiendo de sus experiencias ministeriales y conocimiento teológico en un joven de veintitrés años. Nunca vio mi edad, mi ceguera o mi falta de educación formal. Solo vio a un joven hambriento de aprender, hambriento de crecer y hambriento de ser todo lo que Dios diseñó para su vida.

A los Pastores Alexander y Gloribel Ramos de Casa Plenitud de Vida quienes se arriesgaron dándome la oportunidad de enseñar en la academia bíblica cuando nunca lo había hecho antes. Ellos nunca me detuvieron; ellos solo me motivaron. Aunque al principio este período de mi vida estuvo lleno de altibajos, el tiempo que pasé en la Academia Bíblica valió la pena. gracias por la oportunidad de servir en diferentes capacidades, y por ser parte de la congregación para edificar a el cuerpo de Cristo.

Y por último quiero profundamente agradecer a las Iglesias y ministerios a lo largo y ancho de los estados unidos que ayudaron con sus generosas contribuciones a que este libro sucediera. Es gracias a sus esfuerzos contributivos y oportunidades de edificar la Iglesia en la función de mi llamado que hoy tengo un legado para esta generación.

Con todo mi corazón gracias por haber provocado en mí el tener Fe para ver que hay **Más futuro que historia.**

Endosos

Cuando Dios se propone hacer algo no hay nada ni nadie que lo impida. Su soberanía se levanta por encima de todo y su deseo se cumple. Este libro que tienes en tus manos es testimonio de eso. El pecado, el vicio, el darle las espaldas a Dios, ni aún la misma muerte pudieron cancelar la intención de Dios en la vida de Héctor Ciares.

En las páginas de este libro el autor plasma su experiencia dolorosa que cambio su vida para siempre, pero a la misma vez no nos permite que le tengamos lástima ya que él ha visto la mano de Dios en todo su proceso. Héctor nos permite ingresar a sus áreas más secretas para compartir con nosotros sus temores, dudas, retos y desafíos, pero también un final glorioso y una historia que todavía se sigue escribiendo.

Por momentos sentirás el deseo de llorar y en otras ocasiones tendrás que detener la lectura para darle gracias a Dios por su amor incalculable. Mi amigo y compañero ministerial Héctor Ciares nos permite entrar en su mundo de oscuridad para mostrarnos que se puede ver más en él que fuera de él. Esto nos llevara a reflexionar de quien verdaderamente no puede ver, él o nosotros pues Héctor ha encontrado hermosura, claridad y armonía donde un vidente piensa que no la hay.

Te invito a disfrutar esta obra que te hará agradecer Dios por su amor y por siempre velar de que su propósito Eterno se realice. Recuerda que una mala experiencia, un golpe o caída no es el final si te propones a sacarle ventaja a tu momento presente. Dios no ha terminado contigo. No pongas punto final en el lugar donde debe haber una coma.

— Rev. Dr. Víctor M. Sanabria Luciano
Pastor general de Iglesia Fuente De Vida
Newark NJ

Cuando suceden cosas inesperadas, tendemos a preguntarnos dónde está Dios, o por qué permitió que sucediera lo malo. Pero Dios usa todas las cosas para bien. Puede que no lo creamos en este momento, especialmente si estamos atrapados en la vida o hemos experimentado una tragedia.

La Escritura nos dice, *"El Señor está cerca de todos cuyos corazones están aplastados por el dolor, y siempre está listo para restaurar al arrepentido. Incluso cuando les sucedan cosas malas a los buenos y piadosos, el Señor los salvará y no dejará que sean derrotados por lo que enfrentan."* Salmos 34:18-19.

Esto por sí solo nos permite avanzar con confianza. El evangelista Héctor Ciares ha escrito este libro para el cuerpo de Cristo que es oportuno y significativo para el tiempo en el que estamos. Una perspectiva esclarecedora sobre la tragedia y el dolor, el evangelista Héctor utiliza su experiencia con heridas inimaginables para animarnos a encontrar un propósito en nuestro sufrimiento a través de la fe en la palabra de Dios.

Puedes sentir el dolor que experimentó y soportó, pero también la luz que vio al final del túnel y el crecimiento de la fe en la palabra de Dios mientras se enfrenta a la incertidumbre. Si alguna vez has hecho la pregunta: "¿Por qué permitiría Dios que esto sucediera?" Esta tendrá que ser tu próxima lectura.

— APÓSTOL JUAN

Dedico este libro a la memoria de mi querida madre Elsie Calderón, la mujer más asombrosa que jamás he conocido. Una persona tan significativa que merece palabras que demuestren lo inmensamente agradecido que estoy no solamente por darme la vida, sino también por ser unos de los pilares fundamentales para lograr esta meta.

Mi querida madre paso a una mejor vida en abril 14 de 1996, un año y seis meces después de yo haber perdido la vista. Gracias a una campeona como ella, quien se olvidó de su propia enfermedad que eventualmente le quito la vida, fue la mujer que estuvo allí en todo mi proceso orando y ungiendo mis ojos con aceite todas las noches, en fe creyendo que Dios cumpliría en mi todo el diseño de su voluntad.

Cuando le pedí perdón mientras recostaba mi cabeza sobre sus faldas, por todo el sufrimiento que le cause por la vida que viví, en mi último cumpleaños junto a ella, con cariño mientras me acariciaba mi cabeza me dijo que me perdonaba y que nunca dejara que la ceguera me detuviera en la vida.

Una madre que le creyó a Dios hasta el final y Dios le concedió no morir hasta que su hijo fuera salvo y escuchara su primera predica estando ciego. Nunca me cansaré de darle las gracias a mi maravillosa madre, este y absolutamente todos mis logros son y serán siempre en su honor.

INTRODUCCION

Cuando me diagnosticaron por primera vez, el hecho de que estaba completamente ciego, a finales del año 1994, estaba convencido que algún tratamiento me curaría los ojos. Ésta, después de todo, pensaba yo, era la era de la tecnología y la medicina milagrosa.

No conté con la pérdida de mi ojo derecho por el impacto del balazo que recibí ni me enteré de que, al verse afectado mi nervio óptico, fuese diagnosticado con ceguedad permanente. Para la primavera del 1995 me forcé a mí mismo a ir a recibir rehabilitación con la Comisión para invidentes en el estado de Nueva Jersey con la peor disposición que una persona pueda tener. Melancólicamente, seguí repitiéndome a mí mismo: "si estoy ciego no vale la pena vivir en esta condición y prefiero morir que continuar así". Para cuando comencé la rehabilitación a través de la comisión para invidentes, estaba tan deprimido que la muerte para mí sería la buena noticia.

Entonces me di cuenta de algo cuando eventualmente llegué a aquel lugar que fue muy sorprendente para mí. ¡Ese lugar estaba completamente lleno de personas con la misma condición que yo tenía! ¡Estaban todos completamente ciegos igual que yo! Pero no estaban deprimidos como yo lo estaba, o por lo menos esa fue la impresión que tuve, porque los escuchaba reírse, jugar diferentes juegos para invidentes, el contenido de sus palabras era optimista, y me saludaban con entusiasmo.

Mi trabajador social me ayudó a entrar al edificio para iniciar la gira por todo el programa con el coordinador de actividades para recibir varias horas de orientación, luego nos fuimos para almorzar en la cafetería del lugar, terminamos el recorrido y me regresó a casa. Ahora tenía que hacer los arreglos necesarios para convivir con un montón de extraños que no conocía.

¡Qué bien! Dije sarcásticamente. Estaba aterrado internamente, pero ingresé en el programa a pesar de mis temores, y para mi sorpresa aquella experiencia resultó ser una de las mayores bendiciones de mi vida.

A través del inmenso apoyo de toda mi hermosa familia y mucha oración, hallé en mi interior un querer como el hacer de darme una oportunidad, una flor de esperanza estaba renaciendo en el jardín de mi corazón, ya no veía mi condición física como una sentencia de fracaso y aquel el deseo de muerte se disipaba.

Comencé a visualizar mi condición como un punto de partida para tener un nuevo comienzo. Me dispuse a estar abierto a los métodos de entrenamientos necesarios para rehabilitarme y reintegrarme a una vida lo más normal posible. Las personas de la Comisión para invidentes fueron compasivas, profundas en su apoyo, y entusiastas sobre mi plan de entrenamiento y una fuerte dieta psicológica de positivismo y superación personal. "Tú puedes lograrlo", me aseguraban mientras me entrenaban y eso me hacía sentir muy motivado.

Pero, sobre todo, cuando regresaba a mi casa todas las tardes y me congregaba en la Iglesia durante la semana y los domingos,

Dios comenzó de diferentes maneras a hablarme profundamente a mi corazón, a inyectarme una fuerte dosis de Fe, y yo le creí. Inclusive, hubo personas que hoy entiendo fueron conexiones divinas, que invirtieron de su tiempo, esfuerzo y riquezas de su conocimiento espiritual para desarrollar el potencial de Dios en mi vida. Entonces me encontré diciéndome a mí mismo: ¿Creo que mi vida y mi cuerpo son dones de Dios? ¿Creo que tengo una responsabilidad de maximizar esta oportunidad que se me ha dado?

¿Creo que la única manera de agradecerle a Dios por esta vida que me preservó a pesar del tiro que me dejó ciego es honrar Su don? ¿Le debo a mis padres un hijo, a mis tíos un sobrino, a mis primos y hermanos un primo y un hermano, a la Iglesia un don, y al mundo un testimonio? ¿Quiero envejecer con el futuro amor de mi vida y disfrutar la descendencia de mis hijos? Mi respuesta entonces en aquel momento ¡fue un resonante sí! También comencé un riguroso proceso de instrucciones de movilización con el bastón blanco. En sólo algunos meses había avanzado de unos pasos a media milla ¡y estaba perdiendo el temor a caminar por mi vecindad!

Mi habilidad de escuchar mis alrededores se hizo más sensible y comencé a notar la confianza de poder caminar solo, el sentimiento único de alguien que no creía que esto fuera posible. Un viaje a la bodega a la vuelta del bloque de mi casa cuando vivía en Paterson Nueva Jersey se convirtió en una delicia para mí. Fue sorprendente cuán rápidamente me adapté a mi nuevo estilo de vida de independencia. Gracias a Dios, tomé la decisión de estudiar programas de tecnología de asistencia para invidentes. Pude descubrir servicios sociales muy excelentes para personas invidentes, justo en mi área local. En tan sólo algunos meses más, viajaba en autobús aproximadamente una hora diaria para recibir mi educación tecnológica. Naturalmente impaciente, me fue difícil estar ahí sentado en el mismo lugar durante el viaje por lo que para mí era tanto tiempo con sólo mis pensamientos para entretenerme. Por lo tanto, decidí separar aquel tiempo para escuchar la palabra de Dios en casete con audífonos. Mientras escuchaba poderosos mensajes de Fe, le agradecía a Dios por cada buen regalo en mi vida.

En aproximadamente dos años de aquella trágica experiencia, comencé a recibir invitaciones para predicar y compartir mi testimonio de como Dios milagrosamente libro mi vida de las drogas, del crimen, y la violencia, en todo el territorio de Nueva York, Nueva Jersey, y Massachusetts. Me sorprendía al descubrirme a mí mismo agradeciéndole a Dios por mis dificultades en mi realidad de invidente, al experimentar como su gracia era más que suficiente perfeccionando su poder en mi debilidad, que han creado en mí una terca perseverancia y fortaleza para afrontar mis gigantes personales. Eventualmente, con todo y mi ceguera, Dios me llevó a desarrollar el ministerio llamado "Visión Nueva".

En abril del 2005, después de mis entrenamientos teológicos y años como predicador fui ordenado como ministro al pleno ministerio por mis Pastores en aquel momento los Apóstoles Darío y Lucila Molina. Actualmente, además del ministerio evangelístico internacional y conferencista, por más de 10 años he sido maestro de la academia bíblica, miembro y líder en la junta de directores en la Iglesia Casa Plenitud de Vida en Fitchburg, MA con los Pastores Alexander y Gloribel Ramos. Hoy día, el mismo mensaje que cambió mi vida, lo comparto con cientos de personas a lo largo de toda la nación americana y latino américa, viviendo en el propósito que Dios siempre tuvo conmigo desde antes de la fundación del mundo.

Gracias a Dios, conozco por experiencia propia, como el poder de Dios puede impactar la más imposible circunstancia.

Hoy miro hacia mi futuro y prosigo a la meta de mi supremo llamamiento, confiando que El estará ahí conmigo hasta ahora lo ha estado para guiarme hasta el circulo de los ganadores. En esta nueva etapa tengo una profunda convicción de que le debo a Dios todo por mi vida y el amor en Cristo que me ha dado.

Mi familia, mis hijos, esposa Jacqueline Ciares, el cuerpo de Cristo y el mundo entero merece tener el don de Dios que me habita presente en sus vidas, y vale el esfuerzo para cumplir el propósito eterno que hasta ahora me ha preservado y formado. Le doy muchísimas gracias a Dios por esta asombrosa jornada. ¡Ha sido una jornada llena de retos y a la misma vez de gozo! No te des por vencido o vencida querido lector. Dios te ama y te ha convertido en un regalo para todos los que te rodean. Para este tiempo has llegado al reino. No te des por vencido, que se cumpla el propósito de Dios por ti mismo y por los tuyos.

"Por consiguiente, hermanos, os ruego por las misericordias de Dios que presentéis vuestros cuerpos como sacrificio vivo y santo, aceptable a Dios, que es vuestro culto racional."

— ROMANOS 12:1

Este libro surgió como consecuencia de aquella experiencia que transformo mi vida en mi juventud. Experiencia que me enseñó a ver la vida diferente. Muchos tienen ojos, pero no ven y muchos carecen de la vista y ven mejor. Al final cada experiencia de nuestra vida nos enseña a ver mejor cada área en la que tenemos que crecer. Uno de los mayores retos de mi vida después del accidente fue el aprender a un nuevo estilo de vida. Como en el área de los movimientos, confianza, seguridad, cuidarme por mí mismo. Durante el tiempo de aprendizaje salen a la luz prejuicios y limitaciones, miedos y torpeza. Se hace evidente lo poco que había cultivado mis restantes sentidos y ahora tenía que aprender a fortalecerlos y ejercitarlos de una manera nueva.

A pesar de que voy mejorando en las políticas de accesibilidad, la vida cotidiana de un discapacitado visual es una interminable carrera con obstáculos y retos diarios. Este libro no fue escrito con el hecho de causar lastima, pero causar valentía y valor por lo que tenemos y ver todo como bendición y también va dirigido a las personas que viven con un discapacitado visual e incluso este libro fue escrito para iniciar una nueva cultura de valor y respeto hacia el ciego.

Porque la afirmación y la declaración de la verdad bíblica, produce una actitud de fe y confianza en Dios diariamente, enfatizando las potencialidades que Dios puso en el ser humano para hacerlas fluir hacia quienes nos rodean.

En la segunda parte de este libro comparto cuatro áreas en las que mi vida ha sido confrontada muchas veces áreas que han crecido ahora pero que al principio fueron tiempos muy difíciles de superar.

Al final del libro no solo me conocerás como persona, pero crecerá la persona que está dentro de ti.

"Hagamos fiesta en este día, porque en un día como este Dios actuó en nuestro favor".

— SALMO 118:24 (BLS)

Rev. Héctor Ciares

Capítulo 1

Washington Heights

Washington Heights, es un vecindario de la ciudad de Nueva York, en el extremo norte de Manhattan muy conocido y atractivo.

"Dios quiere que regreses" - "Dios quiere caminar contigo" fue lo que escuche por casi cinco años de mi vida. Recuerdo que mis amistades me decían "Pochy, Dios quiere que regreses" – Pero más me alejaba del Señor, pues Él quería caminar conmigo.

Un jueves en la tarde, estaba escuchando mi canción favorita, frente a mi casa, cuando mi prima Kamil se me acercó con lágrimas en las mejillas... Mientras se me iba acercando, me ponía más nervioso y le pregunté ¿qué te pasa? y me susurró: Pochy, lo que tengo que decirte es importante, es algo urgente... es necesario que subas para que yo hable contigo...

Fui al segundo piso de la casa de mi tía... y al entrar por aquella puerta vi a mi prima con angustia reflejada en su rostro ya sentada en aquel sofá, con una mirada tan triste, que hasta ahora la tengo grabada en mi mente, y con lágrimas rodando por sus mejillas me dijo: "El Señor anoche me reveló que, si no te arrepientes pronto, destrucción vendría para tu vida"... Ella me miraba con aquella cara de desesperación; me mirada llena de dolor y angustia por lo que ella había experimentado, por aquella revelación que el Señor le había dado, y me decía una y otra vez: "Primo, arrepiéntete" me decía varias veces.

Aquellas palabras tocaron poco mi duro corazón; una lágrima saltó de mis ojos rodando mis mejillas, pero como eran tantas mis ataduras, mis cadenas, no quise aceptar el llamado de Cristo en aquel momento y le dije a mi prima: quizás mañana, quizás otro día, pero ahora no, prima. Muchas gracias por preocuparte. Le di la espalda, y me fui...

Dios quería caminar conmigo, pero yo no estaba dispuesto.

Regresaba a casa riéndome, pensando en lo mucho que me iba a gozar esa noche. Tenía tantos planes para disfrutar aquella noche y nadie lo iba detener pensaba.

Esa noche, en medio de la diversión y pasando un tiempo alegre con mis amigos sin interrupciones porque era mi noche y había planeado disfrutarla al máximo. Estábamos muy sonrientes ya con la droga en mano, llegando al frente de la "pick-up", se nos acercaron dos individuos con armas en sus manos. Uno tomó a mi amigo Carlos y otro me tomó a mí agarrándome por el brazo izquierdo. A mí me pusieron una pistola en mi cabeza en la sien izquierda; a mi amigo Carlos le pusieron contra el piso boca abajo, a mi lado derecho, y le apuntaron con una pistola en su nuca. Juntos los dos, el boca abajo y yo de rodillas apenas veía a mi amigo su rostro de miedo y yo solo le susurraba ten calma mi amigo.

En ese momento nos quitaron el dinero, las prendas, la droga que habíamos comprado, nuestros abrigos, en fin, nos quitaron todo. Mientras yo sentía el frio del hierro de aquella pistola en mi cabeza, mi corazón comenzó a palpitar aceleradamente y ahí comencé a llenarme de mucho miedo; temblando y mirando para todo lugar; miraba a mi izquierda, miraba a mi derecha y me preguntaba ¿qué puedo hacer? ¿Qué hago? Mientras seguía susurrando a mi amigo "ten calma".

Misteriosamente los vientos comenzaron a soplar en todo aquel lugar. Ahora entiendo que esa calle estaba saturada por las fuerzas del mismo infierno. Y mientras yo me encontraba allí con aquella pistola en mi cabeza, con aquel hierro frio presionando fuertemente en mi cabeza, de momento, cuando miro hacia mi derecha, mi amigo Carlos estaba postrado en el suelo seguía boca abajo, y cuando menos lo esperaba, "PUM "recibe un tiro en la cabeza. ¡No me dejes, mirándolo le dije vas a estar bien!

En ese momento mi corazón se quería salir de mi pecho. Miré hacia arriba, hacia la "pick up" donde estaba mi primo, y vi que una luz blanca lo estaba cubriendo. No entendía nada en ese momento porque todo estaba confundido, el ruido, el humo de los cigarrillos, la gente gritando, pero había algo dentro de mí que me recordó algo que había aprendido desde pequeño, ¡La misericordia de Dios! ¡Era Su misericordia en función! Claro que yo sabía que era Dios, pero mi incredulidad y orgullo me cegaban.

Repentinamente el individuo que me apuntaba con la pistola en mi cabeza me miraba cara a cara; yo le miraba directo a sus ojos; él me miraba con una cara cruda...y cuando menos me lo esperaba... "PUM" yo recibí el tiro en mi cabeza. Todo se me puso repentinamente oscuro; comencé a convulsionar y a botar sangre por mi boca y tambaleándome, en medio de esa calle buscaba un lugar dónde apoyarme, pero no lo encontraba porque no podía ver. Me apoye en mi amigo que estaba junto a mi desfallecido con dolor, yo sentí y sabía que ahí en ese momento la muerte se me apareció cara a cara, lista para llevarme.

Mientras me encontraba en aquella agonía, en aquel dolor y sufrimiento, convulsionando y salpicando sangre por todo lugar, ahogándome y botando sangre por mi boca, de repente escuchar aquella voz, fuerte pero dulce, firme pero amorosa, directa, pero amor; "Aquí estoy Pochy... Hijo, mi hijo arrepiéntete" y buscaba esa voz hacia mi izquierda, y hacia mi derecha y volví a escuchar aquella voz amorosa y resonante dentro de mí; "Aquí estoy Pochy... Hijo, mi hijo arrepiéntete" y vino una tercera vez donde la escuché con intensidad que me decía... "Pochy, arrepiéntete".

De repente sentí muy clara la presencia de la muerte, estaba allí a mi lado lista para llevarme.

Cuando pensaba que ya no había esperanza para mí, que ya se había terminado todo, cuando ya el diablo estaba por poner sus manos asquerosas en mi alma para llevarme al lugar de sufrimiento eterno, de pronto llegó Mi Salvador Eterno para salvar mi alma, y el llego en el momento oportuno al lugar de la escena, a la Calle 140 Washington Heights, NY y dijo... Un resonante ¡No! Cristo llegó... Cristo llegó... Cristo llegó.... ¡"Aleluya"!!! Cristo llegó... Y cuando Cristo llega todo cambia, todo se transforma. El diablo, el demonio, la muerte, todo se tiene que ir... Santo es el Señor... ¡Todo se tiene que ir!...

Yo saqué fuerzas de no sé dónde, y dirigí mi mirada al cielo y comencé a gritarle al Señor: Señor ayúdame, Señor ten misericordia de mí, Señor no permitas que yo me pierda... Perdóname, te necesito …

Sentía que me iba...

Y mientras tanto yo gritaba: Señor... ten misericordia de mí... Con lo poquito que yo podía mover mis labios porque estaban inundados de sangre, decía: Señor perdóname, Señor, ten misericordia de mí...

¿Por qué esperar que llegué una bala a mi cabeza para yo pedirle perdón a mi Señor?... ¿por qué? No sé pero si sé que lo hice y le clame...

Mientras yo yacía colapsado en el suelo... mi primo José que estaba en la pick up salió corriendo rápidamente y me tomó. Creo que esa luz blanca que estaba cubriéndole anteriormente, era el Señor protegiéndole para que pueda auxiliarme.

Ellos tomaron las riendas, llamaron la ambulancia y nos llevaron al hospital. Este incidente yo lo sufrí minuto a minuto, segundo a segundo, sólo perdí el conocimiento mientras estaba en la ambulancia.

Ya en el hospital, mi cuerpo estaba conectado a muchas maquinas. Mi familia, eventualmente llegaron al Hospital y estaban a mi alrededor ellos sufrían y lloraban porque pensaban que no iba a sobrevivir aquel trágico tiro.

Cuando les preguntaron a los doctores si yo iba a sobrevivir, ellos no podían responder con certeza porque decían que el 99% de las personas con heridas así, si acaso sobrevivían, quedaban vegetales o mentalmente incapacitadas.

*Triste presente, pero Dios tomaba en sus manos mi corazón para mi futuro. En estos momentos empieza **Mas futuro que historia.***

Hoy estoy vivo para decir que Cristo estuvo allí para salvarme. Cristo me levantó. Yo sé que fue Él... ¡Fue Cristo que me levantó! Aquella bala atravesó mi cabeza. La bala pasó del lado izquierdo de mis cienes al derecho.

Esa bala me dejó ciego, pero la mano de Dios me dejo con vida.

Y ahora, aunque a simple vista no parece que sufro ningún tipo de discapacidad, he perdido el campo visual. Esto hace que me ponga nervioso por cómo vaya a reaccionar la gente, si me van a tratar diferente o no, pero ahí entendí que mi vida empezaba. Tuve que reconocer que me enfrentaría a muchos retos.

Aprender a ir por la vida y tropezar es normal, el objetivo es levantarte muy rápido de cada caída. Recuerda que tu fortaleza viene de arriba, porque cuando veas algo difícil, recordarás que tienes un Dios que es más grande que tus problemas. En los siguientes capítulos sabrás de mi un poco más y de mi real situación.

Cuando la ciencia dice no Dios dice Si.

Este es mi testimonio.

CAPÍTULO 2

POCHY

"Instruye al niño en su camino, Y aun cuando fuere viejo no se apartará de él"

— *PROVERBIOS 22:6*

MI FAMILIA SABÍA QUE ESTE VERSÍCULO ERA FUNDAMENTO EN nuestras vidas. Por lo tanto, en ella fui instruido desde mi pequeñez. A la edad de 13 años recibí a Jesucristo como mi único y exclusivo Salvador, en la congregación que mis tíos Darío y Lucila Molina pastoreaban en aquel momento en un barrio llamado las 3T de Rio Grandes Puerto Rico. Después de regresar de los Estados Unidos en el verano del año 1985, viví aproximadamente 3 años con mi madre Elsie Calderón y uno de mis hermanos Jorge Rivera. Mi madre me envió adelante en lo que terminaba los arreglos de mudanza en Nueva Jersey para reunirnos con mi otro hermano Enrique quien estaba con su abuela paterna en Puerto Rico. Esto fue algo que mi madre anhelo con todo su corazón el volver a tener a mi hermano

Enrique en nuestro hogar y reestablecernos como familia con sus tres hijos.

Mientras ellos terminaban de arreglar las cosas en casa una de las primeras cosas que mi tía me dijo es que había que ir a los servicios todos los días que había reuniones. Recuerdo que me pareció un poco exigente la demanda de mi tía, pero pensé que eso sería solamente hasta que llegara mi mamá, y volvería a nuestra rutina familiar que teníamos en los Estados Unidos ahora viviendo en Puerto Rico.

Asistí a un servicio de jóvenes, y me sorprendió el ver lo extremadamente pequeño que era el templo donde se reunían para los servicios. Era tan pequeño el lugar que frecuentemente tenían que poner sillas a la parte de afuera y al frente de lo que para mí era un humilde ranchito. Este estaba al lado de una casa donde vivían los dueños de ese lugar, que lo habían edificado a medias con la intención de abrir una tienda, pero nunca se pudo realizar y ahora se lo habían rentado a mis tíos para dar servicios.

Entrando por las dos puertas del frente, miraba a mi alrededor una humilde Iglesia con aproximadamente treinta y cinco sillas de metales a la izquierda y derecha, una sola ventana en todo aquel lugar a la mano derecha al entrar, que al mirar por ella parecía un abismo sin fondo en la oscuridad de la noche. En el área donde se supone que hubiera un altar como tradicionalmente tiene los templos, había un pequeño portador de biblia hecho de madera con unas bancas pegadas a la pared a cada lado del púlpito. A mi lado izquierdo, cerca de una puerta que dirigía a la casa de los dueños de aquella humilde capillita, había una sola conga con una guitarra, un micrófono y una bocina.

Cuando el servicio comenzó, me sorprendió el entusiasmo con que cantaban todos los que allí estaban especialmente los jóvenes, en la adoración mientras tocaban las panderetas a una velocidad que para mí era como de 100 millas por horas. Durante aquel servicio fue una mujer la que estaba predicando la palabra de la cual no me acuerdo absolutamente nada de lo que disertaba, pero si tengo una clara memoria de cómo me invadió un profundo sentimiento que me provoco llorar al punto que Frankie Torres, el líder de jóvenes en aquel momento, vino y me abraso mientras yo no podía contener las lágrimas sin saber a totalidad porque estaba sintiéndome de aquella manera.

Me acuerdo de que me presentaron el plan de salvación y me vi con el gran deseo de recibir a Jesús como mi salvador, aunque no entendía todo lo que aquella decisión significaba, y todo lo que estaba pasando en ese momento tan significativo apenas iniciando mi adolescencia.

Desde ese momento el Señor comenzó a trabajar y ministrar en mi vida. "Si te pones en mis manos, yo voy a obrar; tengo grandes propósitos para contigo", me decía el Señor.

Durante el tiempo que nuestra familia vivió en Puerto Rico que fue solamente un año, mi madre Elsie Calderón y el que vino a ser su esposo Elvin Martínez también recibieron a Jesucristo como su Señor y salvador. La conversión de mi madre fue una que me impacto de tal manera, que jamás podré olvidar porque en el momento que ella paso al frente en respuesta al llamado para salvación, mi madre en ese mismo momento fue bautizada en el Espíritu Santo. Por la experiencia tan gloriosa que tuve en mi conversión, comencé a orar para que toda mi familia también recibiese a Cristo cuando llegaran a Puerto Rico y experimentaran lo que para mí fue algo inexplicable. La conversión tan dramática de mi madre me marco muchísimo porque al ver de la manera que ella fue llena del Espíritu Santo y ver la realidad de un Dios que contesta oraciones fue una verdad contundente para mí en mi temprano caminar con Dios. En ese año que nuestra familia vivió en Puerto Rico y nos congregábamos con mi tía Lucila y su esposo Darío, tuve y presencié muchas experiencias sobre naturales que nunca había tenido ni visto en los años que mis dos abuelitas y mis tías me llevaban a la congregación cuando era niño en Puerto Rico.

Dios comenzó a revelarme a través del don profético el propósito eterno en Cristo que Él siempre tuvo para mi vida desde antes de la fundación del mundo. Y a resplandecer la maravillosa gracia de Dios en un joven débil y tímido, despertó en mí un fuerte deseo de servirle a Él en su reino. Poniéndome en las manos de Dios para darle inicio aquí en la tierra al plan que Dios había diseñado para mi vida desde la eternidad.

Rápidamente en mi juventud comencé a desenvolverme en todo el sistema eclesiástico como líder de jóvenes, salir en viajes misioneros, predicar su palabra, participante en actividades musicales y muy involucrado en la asociación del distrito de jóvenes en el concilio de las Iglesias de Cristo Misionera, Inc. que pertenecía en aquellos años.

Después de muchos años sirviéndole al Señor en diferentes capacidades durante mi juventud llego un momento en mi vida en que llegaron muchas distracciones como joven que era. Me acuerdo claramente de que, siendo presidente de los jóvenes, empecé a abrir puertas de distracción que comenzaron a tratar de desviarme y derrumbarme con cosas que me empezaban a agradar, a tentarme; y yo le comencé a prestar atención, con el tiempo permitiendo esto mi vida espiritual comenzara a menguar.

En una actividad social de Jóvenes en Irvington, NJ, en el hogar de un matrimonio miembros de nuestra congregación y padres de dos de los jóvenes de la sociedad (grupo de joven) que yo precedía en la Iglesia. Nos reunimos un grupo de los jóvenes para tener una fiesta de pijamas entre los varones del grupo juvenil. Fuimos (mis amigos de la congregación y yo) a esa fraternidad, a un hogar de uno de ellos.

Cuando llegamos a ese hogar, nos dirigieron al sótano de esa casa para compartir, así que pensé, "ok, empecemos a divertirnos y a pasar un buen rato". Mientras la noche transcurrían nosotros como típicos jóvenes varones nos involucramos en diferentes actividades de video juegos, bromas prácticas, escuchando música cristiana mientras hablábamos de ella analizándola ya que algunos de nosotros éramos músicos en la agrupación de la congregación. En el transcurso de aquella noche, llegó un momento de aburrimiento. Nadie quería participar en nada, no sabíamos qué hacer. Todo empieza con uno que empiece a tener ideas y otro que le siga para influenciar a los demás. Uno dijo juguemos cartas; otro juguemos monopolio; otros Domino... pero nadie quería jugar a nada... ¡Nos invadió el aburrimiento!

Pero cuando yo menos lo pensaba, un joven salió con una brillante idea... ¡salió con una botella de licor! Todos los que estábamos allí éramos cristianos. Y no nos preocupamos por ser piedra de tropiezo a otro amigo que estuviera ahí. Supuestamente era un ambiente sano y me imagino con muchos niveles de madurez espiritual.

De repente un joven sacó la botella de licor y la puso sobre la mesa. Todos la miramos, pareciera como que la botella nos miraba a nosotros. Cada uno de nosotros nos mirábamos las caras, y no sabíamos qué hacer. Nadie decía nada. Mirábamos la botella y la botella nos miraba a nosotros... ¡Y no sabíamos qué hacer!

Si no respetas a tu amigo que es visible menos aprenderás a respetar a tu amigo el invisible (El Espíritu Santo).

La noche continuaba...

Capítulo 3

¿Que estoy haciendo aquí?

Y AQUELLA BOTELLA ESTABA ALLÍ Y YO NO SÉ QUÉ FUE LO QUE me impulsó, no sé qué fue lo que me impulso a hacerlo, pero tomé aquella botella ¡y me zumbé el primer trago! siendo líder en la congregación y puse de nuevo la botella en la mesa. Yo en lugar de ser un buen ejemplo para los demás jóvenes que allí estaban, aunque había por lo menos tres o cuatro jóvenes mayores que yo, pero como líder del grupo de jóvenes a mí me tocaba dar el ejemplo, como se me había enseñado en la Iglesia.

Lamentablemente, extendí mi mano para tomar de aquella botella para consumir licor hasta embriagarme. Los demás jóvenes también comenzaron a consumir del licor hasta que todos comenzamos a embriagarnos. El licor que el joven trajo se terminó, entonces comenzamos a reunir del dinero que teníamos entre nosotros para que algunos de los jóvenes que ya tenían su licencia de manejar fueran a la licorería para comprar más licor. Uno de los jóvenes ya tenía veintiún años y se ofreció para ser el que compraría todo el licor usando su identificación como persona adulta. Continuamos consumiendo del aterminamos embriagados. Todo esto ocurrió un viernes.

Cuando Dios revela lo que esta oculto nunca es para condenar sino para restaurar.

El domingo como de costumbre fuimos al servicio evangelístico de nuestra congregación. Yo me quede sentado a la parte de atrás de la congregación porque yo sentía un profundo sentimiento de culpabilidad y vergüenza en mi interior porque yo sabía que yo había pecado participando e involucrándome en actividades que no eran parte de la naturaleza de Dios en mí. Mientras estaba sentado en aquella ultima banca, buscaba la manera de mantener aquello que para mí era tan vergonzoso, un secreto y meterlo en la gaveta del olvido. Yo era uno de los músicos del grupo musical de la Iglesia, pero no me atreví a pasar al frente para participar durante la adoración, aunque otros de los jóvenes si participaron.

Me acuerdo de que durante un mover de Dios en el servicio, el Espíritu Santo comenzó a redargüir a uno de los jóvenes que estuvo allí aquel viernes en la noche y también participo del alcohol que todos consumimos, pero ahora no podía resistir la urgencia que sentía por el espíritu de Dios de decir lo que habíamos hecho. Este Joven hablo con uno de los líderes en el pasillo que dirigía al baño que estaba al costado izquierdo del santuario de la congregación. Obviamente todo esto llego a los oídos del Pastor de la Iglesia en aquel momento el difunto Félix Rivera que ya partió con el Señor, y luego se tomaron acciones disciplinarias en contra de todos nosotros por lo sucedido, especialmente los que teníamos posiciones de liderazgo o alguna responsabilidad eclesiástica.

Mi tía, la Pastora Lucila Molina, estaba de mi lado izquierdo y me di cuenta de que me estaba mirando con un rostro compasivo por lo que estaba experimentando, y a la misma ves con una mirada muy triste por su sobrino, un joven con tanto potencial y ahora por una decisión incorrecta el plan de Dios estaba siendo interrumpido en su vida. Mi madre Elsie Calderón, que se encontraba de mi lado derecho al otro lado de la nave en la congregación, solo lloraba por el dolor. En ese momento fue para mi muy profundo disgusto en mi corazón porque escuchaba el cuchicheo y suspiro de disgusto de aquellas personas, para mi aquello fue un tétrico momento, y esto me llevo a vivir a una gran vergüenza dentro de mi corazón.

En lugar de arrepentirme, y recibir el perdón de Dios en Cristo que estaba disponible para mí, mi vida comenzó a retroceder cada día más y más. Por un tiempo continuaba congregándome, pero comencé a vivir una doble vida en la cual alrededor de mis familiares y personas de la Iglesia, mantenía un estereotipo cristiano y religioso, pero en otros lugares fuera de los escenarios cristianos estaba comenzando a entrar más de lleno con las cosas del mundo. Eventualmente abandone la vida con el Señor Jesús y mi vida comenzó a sucumbirse cada vez más y más en una vida de pecado y maldad. Poco a poco me involucre en actividades que me llevaron a otras cosas.

Continue de mal en peor por cinco años me envolví en la droga, tales como la marijuana, cocaína, crack, cigarrillos, fiestas y en todo cuanto el mundo tiene para todo aquel que se aparta, o está en el mundo. ¡Al principio todo comenzó como que era muy dulce y divertido! Pero mi vida empezó a ser como un espiral; a decaer de una manera terrible; me envolví en el pecado de manera brutal.

En una ocasión Misael de la Cruz, uno de los jóvenes del grupo juvenil que era muy amigo mío, y fue participante de la infame noche cuando nosotros nos embriagamos, y también fue parte del éxodo de los jóvenes que abandonaron la Iglesia después de la disciplina, y dejaron de servirle al Señor, me invito para una fiesta de unos compañeros de su trabajo. Accedí a la invitación, allí tenían todo tipo de bebidas alcohólicas y mientras yo me encontraba sentado en una esquina, porque no conocía a nadie, oyendo la música y mirando la gente bailar, unos de los anfitriones de la fiesta me ofrecieron licor y comencé a consumir. Inicialmente estaba un poco aprensivo, incierto, para tomar las bebidas, pero mientras más participaba, el temor que sentía gradualmente se fue disipando.

Llego el momento en el transcurso de la fiesta que había perdido toda timidez, había consumido suficiente licor como para empezar a socializarme más en la fiesta hasta quedar completamente embriagado. Menciono aquella noche, porque desde esa noche en adelante no volví a ser el mismo.

Es como que algo se apodero de mí y aquel temor reverente de Dios y todo lo que se me había enseñado de su palabra se esfumo. De repente, quería aventurar y experimentar más y más todas las cosas destructivas que el sistema de este mundo tiene que ofrecer a nuestra generación.

El Señor tiene propósitos, y no se iba a quedar con Sus brazos cruzados.

29 de octubre, 1994.

Me levante, me bañé y desayune, así como todos los días de la semana por los últimos tres meces desde que me mude a un nuevo apartamento o, mejor dicho, un cuartito donde solo había una cama, una mesa con una televisión, y un pequeño refrigerador en una esquina de la habitación.

Después de haber tenido un buen apartamento, muy cómodo y totalmente amueblado con todos los enseres necesarios que había adquirido, lo perdí todo y tuve que comenzar a vivir en un lugar muy por debajo de lo que estaba acostumbrado.

Pasé de tener todas las cosas materiales que una vida de narco tráfico me permitió tener a estar plagado de preocupaciones financieras, tanto así que acabé tomando un empleo en una fábrica ganando el mínimo porque necesitaba el ingreso. Pasé de un distribuidor de drogas ganando dinero a ser un consumidor gastando el dinero en la droga que vendía; fue un golpe increíble a mi ego al encontrarme de aquella manera.

Mirándome en el espejo mientras me afeitaba en un baño que no estaba en mi cuarto, sino que lo compartíamos todos los inquilinos en el piso del edificio en que yo vivía, pensaba lo que haría aquel viernes en la noche mientras me preparaba para el trabajo. Luego comencé a caminar en la oscuridad de la madrugada una jornada de aproximadamente una hora de distancia para mi lugar de empleo porque hasta sin carro me había quedado.

Aquella noche, mientras Carlos mi amigo manejaba el camión que nos robamos el tráfico estaba bastante pesado, pero moviéndose rápidamente, lo que me hiso comenzar a ponerme tenso por querer llegar al punto de drogas al cual nos dirigíamos. Desde el carril rápido, yo pude ver, justo al frente a la mano derecha, a la distancia la gran ciudad de Nueva York en la noche oscura y muchas luces rojas de freno.

Como una buena danza coreografiada, Carlos frena la camioneta fuertemente mientras un carro cruza nuestro carril al frente de nosotros para meterse en una salida.

El único daño o lesión fueron los nervios de punta, incluyendo los míos.

Aquello le añadió más estrés a una noche llena de un ambiente pesado, con un cuello y hombros que parecían estar amarrados de la mucha tensión. Ahora el tráfico se volvió muy errático, algo muy típico de un viernes por la noche, cambio de carriles y disminuyendo la velocidad sin ninguna razón lo que comenzó a agitarme.

En uno de los peajes, la camioneta se nos apaga y por alguna razón que ninguno de nosotros sabíamos no quería volver a prender. Mi primo José Molina me dice: "Pochy este viaje no es de Dios," y yo lo miro con una cara que reflejaba mucho disgusto hacia mi primo, porque lo consideraba un gran hipócrita porque él iba hacer lo mismo que nosotros, pero lo que yo no entendía es que Dios en su infinita misericordia usa a las mismas piedras si tiene que hacerlo.

En las tinieblas, la verdad de Dios brilla con mayor claridad.

Capítulo 4

Mi realidad

Estando en casa después de haber salido del hospital me encontraba en un momento de ansiedad pues estaba en medio del conflicto de una nueva realidad de estar ciego y mi nuevo futuro de trabajar con ello.

En el momento de que el Doctor examinó mis ojos todo me vino a la mente mientras yo escuchaba hablar a mi mamá con mi tía y yo me preguntaba ¿qué paso? Hace unas semanas … estaba bien, todo iba bien … y de repente aquí estoy encontrándome con la ceguera. Paralizado, y sin ganas de vivir mi realidad futura escuchando que decían que los nervios ópticos habían sido cortados y al mismo tiempo esperanzado a que mi mismo cuerpo empezara a reproducir nuevas células para fortalecer mis nervios.

Escuchando solo el sonido de palabras que venían de mi mama y de mi tía mientras conversaban, yo solo en mi realidad me preguntaba ¿Volveré a ver? ¿cuándo sucederá que las células se reprodujeran? Yo decía dentro de mí con fuerza, ¡que funcione esa posibilidad! Y lo creí.

Semanas después, cuando fui al oftalmólogo para un chequeo, yo estaba muy esperanzado, pero poco a poco mientras escuchaba al Doctor con esa voz cruda sabiendo que el como muchos otros que pierden esa sensibilidad al tratar con pacientes y olvidando que cada uno de ellos guarda una esperanza dentro dijo con afirmación que mi ceguera era permanente y por consiguiente que me iba a quedar ciego por el resto de mi vida. Esta era mi realidad. El mundo se me colapso derrumbándose completamente dentro de mí por un momento me sentí hasta mareado de escuchar esas palabras.

Regresando a casa, me encontraba en un total silencio mientras mi tía manejaba. Ninguno decía ni una palabra. Después de llegar a casa sin la ayuda de nadie camine solo hacia mi cuarto pues sabia como hacerlo, abrí la puerta y me fui directo a mi cama, obviamente me derrumbe colapsado sobre mi cama por todos los sentimientos encontrados. Esas palabras frías del doctor me cayeron como agua fría y congelada sobre mi y aquella noticia de estar ciego por el resto de mi vida se convirtió en mi realidad. Lloré inconsolablemente por mucho y un largo tiempo.

¿Porque no escuche? ¿Porque no obedecí? ¿Porque no lo hice diferente? Eran solo algunas de las preguntas que me venían a la mente. Estas preguntas me llevaron a un estado de arrepentimiento y comencé a clamar a Dios pidiéndole perdón desde lo más profundo de mi ser. Fue un momento tan doloroso y tan difícil de explicar que puedo decirte que me desahogue de una manera sincera y muy profunda por un largo periodo de tiempo. Nunca sentí el tiempo que estuve ahí clamando, pero si sentí mi dolor tan fuerte y profundo. Me sentí solo y abandonado.

Al levantarme de la cama sentí un deseo profundo de quitarme la vida. Me sentí avergonzado y al mismo tiempo sentí coraje de mí mismo, y sin ganas de seguir adelante. Estaba solo. ¿Para qué vivir, para que continuar de esta manera? Mi nueva realidad no era la realidad que yo quería vivir. Yo sabía que había algo más, pero sin la vista no sentía el deseo de saber ¿para qué luchar y tratar de lograr algo? No quería vivir así. sentí odiar mi nueva realidad y un deseo fuerte de quitarme la vida.

Recordé de un medicamento que me habían dado cuando comencé a sufrir de ataques epilépticos, movimientos involuntarios en todo mi cuerpo por el trauma tan grande de la bala en mi cabeza. Sabía dónde estaba el frasco y aunque no veía sabia como estaba en mi recamara. Me puse de pie y logré llegar al baño donde estaba el frasco de medicamentos para la esquizofrenia. Tenía en mente tomarme mínimo dos pastillas, la verdad ni sabia cuántas solo tenía un deseo y era el terminar con mi vida.

Al sentir las pastillas en mis manos con los sentimientos de coraje, desilusión y desesperación llegaron de nuevo a mi mente muchas preguntas, ¿que pasara de mi después de esto? Que de mis viajes que siempre había querido hacer, y exclame fuertemente ¡Debe de haber una luz al final de túnel! ¡Debe de haberlo! Me encontraba en una encrucijada emocional con pastillas en mi mano, con pensamientos de muerte y la imagen grabada que tenia de un mendigo desesperado caminando o sentado a veces en las calles sin ningún futuro, pero al mismo tiempo tenia del lado de mi cerebro había un grito desesperado por saber más de la vida y empecé a susurrar con lágrimas en mis ojos y con todo mi corazón, ¡Dios, Papá ayúdame! ¡No me sueltes! Ayúdame a ver la luz en este túnel oscuro. Dentro del diagnóstico grabado en mi mente comencé a clamar desde mi corazón y a llorar como un bebe abandonado.

No puedo decir que en ese momento escuche la voz de Dios, pero si puedo decir que sentí que Él estaba conmigo, que su brazo fuerte me sostenía. Tuve la sensación de un sentido de detente. De parar el plan que tenia de quitarme la vida.

Encuentro sobrenatural

Comencé a decirle que me diera fuerzas, que yo sabía que Él era Dios, pero yo necesitaba conocerlo como Mi Dios. No sé cuánto momento paso, pero tire las pastillas y regrese a mi cama, sentado en la orilla de ella seguía hablando con Dios, recuerdo muy profundamente que en medio de aquella desesperación, soledad, miedo, confusión, coraje y desilusión; por primera vez sentí su paz, su amor, su apoyo, su compasión por mí. No era lastima por mi realidad, pero era Su amor, el que me abrazó y me sostuvo.

Quizá no tenga las palabras adecuadas para explicar porque cuando las cosas son de una manera y las cosas que vienen de Dios son diferentes porque son un encuentro sobrenatural y eso fue lo que paso en mi vida, en ese momento crucial fue un momento de cambio de una situación natural a un encuentro sobrenatural. Fue un encuentro transformacional. Un sentimiento de lucha lleno mi cuarto y Su presencia lleno mi corazón. Sabía que a partir de ahí tenía que seguir viviendo. No sabía cómo, no podía como hacerlo, no tenía el plan adecuado ni las herramientas a seguir, pero supe que tenía a Dios de mi lado.

No sé lo que vas a hacer conmigo Señor, le dije. No sé lo que va a pasar con mi vida. Yo no quiero terminar como aquel hombre que tenía en mi mente grabada de aquel recuerdo. ¿Sí, estoy vivo hay futuro y si hay futuro cambiare esa imagen de mendigo a imparable? Tú, EL IMPARABLE, mi Dios, mi Padre y mi amigo estás conmigo. ¡Algo y mucho harás con todo esto! En ese momento que caminaba a mi puerta por que escuché que alguien tocaba recordé un canto de Marcos Witt:

Eres alabado. Eres exaltado. Tu nombre levantamos. Aleluya, aleluya

Eres adorado. Te glorificamos. Tu nombre levantamos. Aleluya, aleluya

A una sola voz. Nos unimos hoy. Te cantamos Dios. En adoración

Dios imparable. Dios de imposibles, inigualable

Eres invencible. Dios imparable.

Dios de imposibles, inigualable. Eres invencible

No tengo temor en mi corazón. Tú tienes el control

No tengo temor en mi corazón. Tú tienes el control

No me falta nada. Si te tengo a ti

No me falta. No me falta nada

Si te tengo a ti

La Biblia dice que él pelea por su pueblo. Él pelea por ti querido lector que estas leyendo este libro.

Yo sé que el que va conmigo, va contigo. Y quien a mis enemigos hace huir. Tus enemigos vencerán.

Antes de abrir la puerta declaré en mi corazón: ¡Tú peleas por mí!

Abrí la puerta y era mi mama. Le dije vamos a comer algo, estoy listo ….

Si crees todo es posible, depende mucho de las ganas que le pongas en hacer algo. Hoy es una linda mañana para decir "Yo puedo" "Yo lo lograré en el nombre de Jesucristo".

Capítulo 5

Bástate mi gracia

"Entonces Jesús miró al paralítico y dijo: Ponte de pie,
toma tu camilla y vete a tu casa"

— Mateo 9:6

Recuerdo muy bien aquel momento cuando
instantáneamente el miedo se apodero de mí. sentí que el temor
era mi dueño. Se adueñó de mis pensamientos. Se adueño de mis
acciones. Era dueño de mi perspectiva. Y ciertamente se adueñó
de mis emociones. Prácticamente me paralizó.

Fue a finales de 1994 cuando recibí la noticia de la ceguera total.
Recuerdo que estaba convencido que había en alguna parte un
tratamiento que pudiera sanar mis ojos. Para mi esta noticia fue
como un balde de agua congelada sobre mí. Pase un momento en
silencio, paralizado sin saber que hacer, que decir o que pensar.
Pensaba yo con esperanza en mi alma que era la era de la tecnología y la medicina milagrosa.

Pase un tiempo sintiéndome en el limbo, me sentía flotando pues no sabía qué hacer. Llego la primavera de 1995 y decidí a forzarme a mí mismo e ir a recibir rehabilitación a la Comisión para Invidentes en el Estado de Nueva Jersey con la peor disposición que una persona pudiera tener. Pues seguía con esa lucha interna de enfrentarme con la realidad. Los problemas no se solucionan solos y la realidad es que ante la lucha de enfrentar la realidad o mi realidad podemos reaccionar de muchas maneras: con indiferencia, negación, o creando alguna barrera psicológica donde nos sintamos protegidos. Todas estas fórmulas tienen algo en común, el huir de la realidad, y esto no iba a funcionar conmigo. Mi realidad no iba a desaparecer. Si bien no hay soluciones infalibles para los problemas, como norma general la peor solución es ignorarlos y no enfrentarse a la realidad de los hechos.

A lo mejor en este momento estas enfrentando una realidad en tu vida y esta realidad no te deja avanzar. La realidad para enfrentar tu realidad necesitas primero a Dios en tu vida, a personas de confianza alrededor de ti y una estrategia para que juntos puedan avanzar y así lograr lo que quieres lograr.

En primer lugar, reconoce que Dios siempre esta y estará contigo.

En segundo reconoce que las personas siempre serán parte de la estrategia y eso te hará sentir mejor contigo mismo. Pero si de alguna manera tú te proteges con algún mecanismo psicológico conseguirás eludir tu responsabilidad.

En tercer lugar, enfrentarse a la realidad es, de alguna manera, nuestra obligación es también moral. Así, si alguien nos perjudica con sus malas acciones y no hacemos nada por algún motivo, nuestra conducta es éticamente reprochable, pues hemos permitido que el mal se imponga en tu vida y tu actitud hacia la vida será de amargura.

EN CUARTO LUGAR, al afrontar los hechos con determinación y sin autoengaños estarás dando un paso muy importante para mejorar tu situación cualquiera que sea.

Piensa en mí situación por un momento cuando el médico nos comunicó que mi ceguera seria permanente. Mi primera reacción fue de miedo y de preocupación.

Superado el golpe inicial de la mala noticia, la persona tiene dos opciones: resignarse porque considera que no puede hacer nada o bien adoptar una actitud combativa y positiva para superar la realidad.

Regresando a mi situación personal, melancólicamente, seguí repitiéndome a mí mismo: "si estoy ciego no vale la pena vivir en esta condición y prefiero morir que continuar así". Fíjate mi actitud de sentencia hacia mi futuro. Dice la Biblia en Proverbios 18:21, "*La muerte y la vida están en poder de la lengua, Y el que la ama comerá de sus frutos.*"

Para cuando comencé la rehabilitación a través de la comisión para invidentes, estaba muy deprimido y la muerte aun la consideraba como una buena opción para mi vida. Al llegar al centro me di cuenta de algo, cuando llegué a aquel lugar que fue muy sorprendente para mí, porque estaba completamente lleno de personas con la misma condición que yo tenía. ¡No estaba solo, no era el único! ¡Estaban todos completamente ciegos igual que yo! Pero note algo muy importante, que no estaban deprimidos como yo lo estaba, o por lo menos esa fue la impresión que tuve, porque los escuchaba reírse, jugar diferentes juegos para invidentes, el contenido de sus palabras era optimista, y me saludaban con entusiasmo.

Mi trabajador social me ayudo a entrar al edificio para iniciar la gira por todo el programa con el coordinador de actividades para recibir varias horas de orientación, luego nos fuimos para almorzar en la cafetería del lugar, terminamos el recorrido y mi regreso a casa. Ahora tenía que hacer los arreglos necesarios para convivir con un montón de extraños que no conocía. No solo luchaba con la pérdida de un sentido y sus funciones, sino al mismo tiempo me enfrentaba con el desarrollo de otros dos que no estaban bien entrenados cono deberían estar por mi situación presente que yo vivía, me refiero al sentido del oído y a la imaginación de entender lo que escuchaba y comenzar a filtrar todo en mi mente positivamente lo que escuchaba y así poder yo seguir adelante con mi vida en una manera sana, exitosa y al mismo tiempo relajada sin tanto estrés.

¡Qué bien! Dije en voz alta y al mismo tiempo con sarcasmo. Recuerda que estaba aterrado, enojado, confundido, pero tome el riesgo e ingrese en el programa a pesar de mis emociones encontradas, y para mi sorpresa aquella experiencia resultó ser una de las mayores bendiciones de mi vida.

A través del inmenso apoyo de toda mi hermosa familia y mucha oración, hallé en mi interior un querer de darme una oportunidad, de ver la luz en la oscuridad, de escuchar la dulce y apacible voz en el túnel oscuro donde todo esto, al mismo tiempo era una flor de esperanza que estaba renaciendo en el jardín de mi corazón.

Ciertos fenómenos sociales no deseables pueden cambiar, pero en la vida humana y personal solamente se producirá un cambio en tu vida - en tu realidad - si hacemos algo, es decir, si nos enfrentamos a la realidad que nos resulta ingrata y dolorosa.

Poco a poco empecé a permitir que mi alrededor desconocido cambiara mi interior y ya no veía mi condición física como una sentencia de fracaso y de muerte. Por cierto, la idea de suicidio se disipaba poco a poco.

Nunca había recapacitado en la importancia que tiene la imaginación en nuestras vidas hasta el momento tangible de la falta de mi vista y el enfrentamiento de empezar a desarrollar una sana imaginación y ¿sabes? que este es el camino real para salir de las tierras sombrías que atravesamos en nuestras vidas hacia la brillante tierra de la realidad. Muchos ven, pero andan durmiendo despiertos porque no han despertado su imaginación o la han corrompido con entretenimiento humano y carnal. Espero que estés de acuerdo en que es de vital importancia despertar a la realidad con la verdad de lo que está sucediendo en nuestro mundo.

Regresando a mi momento del Centro de Rehabilitación comencé a visualizar mi condición como un punto de partida para tener un nuevo comienzo con retos, pero con alegría. Mi primer reto fue el usar mi imaginación correctamente y alinearla a la palabra de Dios. Me dispuse a estar abierto a los métodos de entrenamiento necesarios para rehabilitarme y reintegrarme a una vida lo más normal posible. Las personas de la Comisión para Invidentes fueron compasivas, profundas en su apoyo, y entusiasta sobre mi plan de entrenamiento y una fuerte dieta psicológica de positivismo y superación personal. "Tú puedes lograrlo", me aseguraban mientras me entrenaban, al escucharlo me imaginaba yo mismo luchando por la vida y eso me hacía sentir muy motivado.

Dios comenzó a hablarme profundamente a mi corazón de muchas maneras e incluso mi relación con Él se fue fortaleciendo pues el me inyectaba una fuerte dosis de Fe tanto en mis entrenamientos así como al estar alrededor de mis amigos cuando me congregaba entre semana y los domingos. Honestamente pase de dudar de Dios, de estar enojado en El y conmigo mismo a comenzar a creerle de nuevo y de una manera nueva diferente y fresca.

Inclusive, hubo personas que hoy entiendo fueron conexiones divinas, que invirtieron de su tiempo, esfuerzo y riquezas de su conocimiento espiritual para desarrollar el potencial de Dios en mi vida. Entonces me encontré diciéndome a mí mismo: ¿Creo que mi vida y mi cuerpo son dones de Dios? ¿Creo que tengo una responsabilidad de maximizar esta oportunidad que se me ha dado?

Creo que la única manera de agradecerle a Dios por esta vida que me preservó con mi ceguedad es honrar Su don.

Le debo a mis padres un hijo,

a mis tíos un sobrino,

a mis primos, un primo

a mis hermanos, un hermano

y al mundo un testimonio

QUIERO ENVEJECER con el amor de mi vida y disfrutar la descendencia de mis hijos. Yo sentí que Dios me retaba con una pregunta, Pochy ¿crees en mí? - Mi respuesta entonces en aquel momento ¡fue un resonante sí!

¡Decirle SI a Dios es la decisión más importante que jamás haya hecho!

Comencé un riguroso proceso de instrucciones de movilización con el bastón blanco. En solo algunos meses había avanzado unos pasos a media milla ¡y estaba perdiendo el temor a caminar por mi vecindad! Mi habilidad de escuchar mis alrededores se hizo más sensible y comencé a notar la confianza de poder caminar solo, el sentimiento único de alguien que no creía que esto fuera posible. Un viaje a la bodega a la vuelta del bloque de mi casa cuando vivía en Paterson Nueva Jersey se convirtió en una delicia para mí. Fue sorprendente lo rápido con que me adapté a mi nuevo estilo de vida de independencia, pero al mismo tiempo una interdependencia con Dios. Gracias a Él, tomé la decisión de estudiar programas de tecnología de asistencia para invidentes.

Pude descubrir servicios sociales excelentes para personas invidentes, justo en mi área local. En tan sólo algunos meces más, viajaba en autobús aproximadamente una hora diaria para recibir mi educación tecnológica. Naturalmente impaciente, me fue difícil estar ahí sentado en el mismo lugar durante el viaje por lo que para mí era mucho el tiempo que pasaba entreteniendo mis pensamientos. Por lo tanto, decidí separar aquel tiempo para escuchar la palabra de Dios con audífonos.

"Así que la fe es por el oír, y el oír, por la palabra de Dios."

— ROMANOS 10:17

Mientras escuchaba poderosos mensajes de Fe, le agradecía a Dios por cada buena dádiva en mi vida. Me he sorprendido al descubrirme a mí mismo agradeciéndole también por mis dificultades en mi realidad de invidente, que han creado en mí una terca perseverancia y fortaleza.

En aproximadamente dos años de aquella trágica experiencia, comencé a recibir invitaciones para testificar y predicar en congregaciones en el área de Nueva York, Nueva Jersey, Massachusetts ¡y hasta el día de hoy sigo predicando!

Sólo una vez más

Sí, eso fue lo que me dije a mi mismo, sólo una fiesta más, una cocaína más, una mariguana más, una pastilla más y ya no volveré a consumir otra. Pero como siempre, sin Cristo nunca se puede dejar de consumir drogas. Mi madre y mis familiares me dijeron que dejara de consumir drogas, porque me podía ir mal y como siempre nunca les hice caso.

Yo siempre decía: "Sólo una vez más" y ya no vuelvo a consumir otra droga, pero nunca cumplí.

¿Sabes? Ahora uso esa frase para bien y para animarme a "Una vez más" levántate y esfuérzate – Una vez más esfuérzate y se valiente.

Así que amigo si te encuentras hundido en las drogas o en otra adicción, busca salir de ellas con la ayuda de Cristo antes de que te pase algo similar y sea demasiado tarde. No permitas que una pastilla, un cigarro de mariguana, una botella de licor o una jeringuilla te domine. Fuiste hecho para gobernar y no para ser gobernado. Dios está muy dispuesto para ayudarte. Atrévete a míralo a él.

Esfuérzate y sé valiente, porque tú serás quien reparta a este pueblo, como herencia, la tierra que juré a sus padres que les daría. Pero tienes qué esforzarte y ser muy valiente. Pon mucho cuidado y actúa de acuerdo con las leyes que te dio mi siervo Moisés. Nunca te apartes de ellas, ni a la derecha ni a la izquierda, y así tendrás éxito en todo lo que emprendas. Procura que nunca se aparte de tus labios este libro de la ley. Medita en él de día y de noche, para que actúes de acuerdo con todo lo que está escrito en él. Así harás que prospere tu camino, y todo te saldrá bien. Escucha lo que te mando: Esfuérzate y sé valiente. No temas ni desmayes, que yo soy el Señor tu Dios, y estaré contigo por dondequiera que vayas. Josué 1:6-9i

Hoy mentalmente miro hacia mi futuro y tengo la profunda convicción de que le debo a Dios todo por mi vida y el amor en Cristo que me ha dado. Mi familia, mis hijos, esposa, el cuerpo de Cristo y el mundo entero merece tenerme presente en sus vidas, y vale el esfuerzo para cumplir el propósito eterno que hasta ahora me ha preservado y formado. Le doy muchísimas gracias a Dios por esta jornada.

¡Ha sido una jornada llena de retos y a la misma vez de gozo! Recuerda los cuatro pasos para enfrentar tu realidad. Dios – Tu circulo intimo (familia) – Grupo de confianza y tu actitud.

La lucha para la vida puede ser larga y no se trata de quien sea más fuerte, sino de quien ha puesto a Dios en su camino dejándolo que dirija su corazón.

Capítulo 6

Sin Fronteras

Hoy mentalmente miro hacia mi futuro y tengo la profunda convicción de que le debo a Dios mi vida y el amor en Cristo que me ha dado hacia la vida, las personas y las naciones. Mi familia, mis hijos, esposa, el cuerpo de Cristo y el mundo entero merece tenerme presente en sus vidas, y vale el esfuerzo para cumplir el propósito eterno que hasta ahora me ha preservado y formado. Le doy muchísimas gracias a Dios por esta jornada. ¡Ha sido una jornada llena de retos y a la misma vez de gozo!

Recuerdo que los doctores no se explicaban cómo es que yo estoy vivo, puedo caminar y como tengo un buen funcionamiento, cómo es que mi cerebro no sufrió daños permanentes y puedo pensar bien. Yo sí sé: simple pero asombroso… ¡Cristo llegó!

Recuerdo una noche que estaba en la parte de atrás de la congregación a la cual pertenecía en aquel momento, sentado en uno de los bancos y me encontraba destrozado en mi mundo colapsado y cabizbajo pues aquel joven independiente de 22 años necesitaba que todo el mundo le ayudara. Pero durante aquel servicio un profeta que había venido desde la Florida me pidió pasar al frente, y me dijo departe del Señor: "*Yo fui el que te salvó, Yo fui quien te salvó la vida*".

Comencé entonces a temblar en llanto, pero el profeta siguió diciendo en el nombre del Señor: "serás señal para muchos presentándote, *así como estás invidente ante mi pueblo, y predicar mi palabra y luego Yo manifestare mi milagro de sanidad divina en ti*"...

El Señor me dijo que por las llagas de Cristo yo soy sano.

"Y aunque todavía la manifestación de esa verdad no ha llegado, Él no es hombre para que mienta, ni hijo de hombre para que se arrepienta."

— NÚM. 23:19

¿Cuándo específicamente va a ser que yo recobre la vista en el ámbito natural? no lo sé, esa es la prerrogativa de Dios. El poder del Señor se muestra en nuestras debilidades, y si mi debilidad física es esta ceguera, ahí el Señor caminara al frente mio porque Él cambia el llanto y la tragedia en alegría. En ocasiones las debilidades se convierten en nuestro mayor recurso porque es a través de ellas que el poder de Dios se perfecciona. Para muchos lo roto es visto como una debilidad o algo que ya no puede servir. Sin embargo, para Dios es un signo de vida y debemos recordar que Dios usa cosas rotas y quebrantadas para dar mensaje de vida.

Se necesita un suelo quebrantado para producir un cultivo

las nubes quebrantadas para dar lluvia

el grano tiene que ser quebrantado para dar cosecha

El pan tiene que ser partido para alimentar a otros

El frasco de alabastro tuvo que ser quebrado para dar el perfume

Un Pedro roto, quebrantado y hecho pedazos y llorando amargamente

Es quien en el día de Pentecostés vuelve a tener mayor poder que nunca

¡Así que la debilidad humana es el mayor recurso para que el poder de la Gracia se perfeccione!

Por eso es que yo he aprendido a contentarme (auto suficiente en la suficiencia de Cristo) cualquiera sea mi condición porque en todo y por todo he sido enseñado a ser agradecido y aprender que EL GOZO DEL señor es mi fortaleza y todo lo puedo en Cristo que me fortalece.

Ya me ha confirmado el Señor a través de su palabra y en mi espíritu que un milagro creativo para mis ojos es una posibilidad contundente. ¡Yo lo creo! ¡Prefiero morir creyendo que vivir dudando! Diariamente, me afirmo en esa verdad gloriosa. Independientemente de los años no voy a razonarme fuera de mi milagro. Yo lo creo. ¡Aleluya!

Amigo lector quiero que siempre recuerdes que las promesas de Dios son parte del beneficio de tu naturaleza en Cristo. Cristo murió por ti. Tú no debes estar en tristeza, no debes estar en pobreza, ni atado a la ley o a los problemas. Tú debes vivir libre, pero, para poder vivirlo, tienes que creerlo. Tu beneficio no es tan solo el cielo, sino todas las promesas manifestadas aquí y ahora. Tiene que llegar un punto en tu vida en que realmente tu creas que la biblia es la palabra de Dios. En tu vida no se van a manifestar las promesas de Dios, si tú no crees estas cosas. Irás al cielo, pero vivirás una vida perdida en esta tierra. Esto es porque la gente razona, al punto de salirse de la fe.

La Biblia nos habla del jardín del Edén en Génesis 2:8, "*Y plantó el SEÑOR Dios un huerto hacia el oriente, en Edén; y puso allí al hombre que había formado.*" El problema de la humanidad fue razonar su salida del Edén. Adán y Eva razonaron su salida del jardín que Dios había creado. Adán y Eva lo que hicieron fue usar su razón.

Hay un gran problema cuando sales del huerto del Edén por tu razonamiento.

Mucha gente razona su salida de su milagro.

Mucha gente razona su salida de una vida en su máximo potencial.

Mucha gente razona su salida del matrimonio.

Mucha gente razona su salida de sus sueños, pero nosotros no fuimos llamados a vivir por nuestro razonamiento.

Sɪ, debemos ser inteligentes, sabios, prudentes, pero en nuestra vida tiene que haber fe, no fe en lo que el mundo dice, o en lo que tu razonas, sino fe en lo que Dios ha dicho.

Tu marcas los limites

Tienes que ser irracional. ¡Jesús no pone fronteras! Cuando dice "todo" es "todo". ¡En la tierra sucede todo lo que uno permite! Si hay algún tope, no está en Dios, está en ti: El tope es, cuando tu expresas que para Dios no hay nada imposible, pero Él no hará nada que tu no creas. El tope está en tu mente; nuestros razona-mientos limitan nuestra fe, nuestros pensamientos son racionales y la fe es irracional. Para poder obtener cosas de Dios tienes que ser irracional, oponerte a tus razonamientos, tienes que llamar las cosas que no son como si fuesen, el débil tiene que proclamar, "fuerte soy". La fe abre la boca más allá de la razón y proclama como posible algo que parece imposible.

Esa noche reconocí dos cosas: Estar en sinfonía (unidad) con Dios y apreciar mi vida desde el punto de vista de Dios. Si luchas con fe, en unidad con Dios y apreciando tu vida más y más, entonces Dios usara tus relaciones, retos personales y profesionales, la ira de los desacuerdos, los problemas de salud, la autoestima, el equilibrio, la búsqueda día a día de la luz de esperanza, la duda de tus sueños, y la busque de estímulos a través de la palabra de Dios entonces tu actitud cambiara y Dios te ayudar a transformar tu vida y demostrar que puede ser ilimitado en un mundo limitado, porque tenemos un Dios ilimitado.

Uno de los cambios que note en este nuevo proceso es que me estaba volviendo más sensible Dios estaba cambiando mi corazón de piedra a un corazón de carne, es decir me estaba volviendo más sensible. Tanto a su presencia como a las cosas que me rodeaban.

Ser sensible es ser sensible también a la presencia de Dios, es decir, vivir con la conciencia de quién es ese Dios que ha prometido estar conmigo "todos los días, hasta el fin del mundo". Es estar consciente de que ese Dios es Santo, y que me conoce, me ama y se preocupa por mí en medio de cualquier circunstancia. Es vivir con la conciencia de que Él conoce "mis pensamientos, mis motivaciones, mis temores, mis aspiraciones, mis emociones, mis ansiedades, mi condición física y mental – y el cual me ama más allá de lo que yo puedo comprender".

La sensibilidad es el valor que nos hace despertar hacia la realidad, descubriendo todo aquello que afecta en mayor o menor grado al desarrollo personal, familiar y social y espiritual. Mi sensibilidad espiritual me estaba dirigiendo a mi sensibilidad humana. En medio de mi ceguera yo quería llegar a ser un constructor de puentes de armonía y de paz.

Yo crecía en el entendimiento que la sensibilidad va más allá de buscar el afecto, la comprensión y los cuidados de otros a mi limitación humana, sin encontrar a ese alguien interno que mostraba interés por las necesidades y particulares circunstancias de las personas porque mi Dios ya estaba haciendo un cambio en mi corazón. ¿Qué podríamos hacer si viviéramos aislados? ¿Te imaginas si con mi ceguera me hubiera aislado de todo? La sensibilidad me ha permitido descubrir ese "otro yo" que piensa, que siente y requiere de nuestra ayuda y de la ayuda del Dios Todopoderoso.

La indiferencia "espiritual o humana" es el peor enemigo de la sensibilidad.

La sensibilidad nos hace ser más previsores y participativos, porque no es correcto contemplar el mal creyendo que somos inmunes.

La sensibilidad nos hace despertar hacia la realidad,

La sensibilidad nos hace descubrir todo aquello que afecta en mayor o menor grado al desarrollo personal, familiar y social.

La sensibilidad nos hace sentir que podemos hacer frente a todo tipo de inconvenientes, con la seguridad de hacer el bien poniendo todas nuestras capacidades al servicio de los demás.

La sensibilidad nos llena de expectaciones. Ella nos hace volver a soñar, volver a creer en el amor, en las relaciones afectadas, en las nuevas oportunidades y en nuestro potencial.

La sensibilidad nos abre un camino de esperanza y de destino.

La sensibilidad nos lleva a reconciliar a otros con Dios.

La insensibilidad es el veneno de la sensibilidad.

Un corazón sensible atrae el corazón de Dios y eso fue lo que Dios estaba haciendo en mí. Había transformado mi corazón. Y un corazón sensible es un corazón sin fronteras.

QUE IMPORTA si alguien está contra ti. Si tu Señor está contigo no hay de que atemorizarse.

CAPÍTULO 7

CREO EN MÍ

UNOS DE MIS GRANDES RETOS COMO PERSONA INVIDENTE ES tener que enfrentar la vulnerabilidad, porque al perder la vista, fue como una batalla campar con la vulnerabilidad, que es lo que está a la raíz de la vergüenza, temor y la lucha para sentirse digno en la vida.

Al encontrarme invidente la vulnerabilidad fue evidente primeramente con un fuerte sentido de vergüenza.

La vergüenza es fácilmente entendida como el temor a la desconexión.

Vulnerable porque ahora como invidente las preguntas surgen: Sera de que porque estoy siego no soy ¿digno de conectar con otros? ¿De poder relacionarme con otras personas? ¿Sera que ahora estoy destinado a vivir una vida aislada, separado de los demás?

Una de las cosas que necesitamos entender es que la conexión con otros seres humanos es la razón del porque estamos aquí.

Es lo que le da significado y propósito a nuestra vida.

No importa con quien hables en esta vida independientemente de su estatus social, económico, religioso, etc. Es que la conexión, la habilidad de sentirse conectado con otros es neurológicamente una necesidad que todos tenemos porque así nos alambro el creador.

Y lo que marcaba esta vergüenza, este "no soy digno", algo que todos conocemos muy bien porque decimos: No soy lo suficientemente bueno... No soy lo suficientemente inteligente... No soy lo suficientemente delgado... No soy lo suficientemente... etc.

Y el estar invidente producía vergüenza porque no me sentía lo suficientemente digno para conectar con otras personas lo cual me mantenía en un estado agobiante de vulnerabilidad.

Porque esta idea de que para que la conexión con otras personas suceda, tengo que permitirme dejarme ver en mi condición de invidente con todo lo que eso implica. Y eso me hacía vulnerable porque si me rechazaban por estar siego, la vergüenza, el temor a no poderme relacionarme con otros, eso acentuaría el no sentirme digno o suficiente. A través de los años he aprendido en mi condición de invidente a tener coraje para enfrentar mi realidad.

La palabra coraje tiene su origen en el corazón, y la definición original es contar una historia con todo el corazón. Por eso cuento mi historia con todo el corazón porque he tenido que aprender a tener el coraje de aceptar de ser imperfecto físicamente y tener la compasión siendo amable conmigo mismo primero y con otros. me dio la oportunidad de ahora tener conexiones con otras personas como resultado de la autenticidad. Estuve dispuesto a tener coraje para dejar ir quien pensaba que debía ser para ser quien soy, y esto es lo que se tiene que hacer para conectar con otros. Otra cosa que aprendí en esta realidad es completamente abrasar la vulnerabilidad como algo bueno. Porque reinterpretando la vulnerabilidad pude entender que ella es necesaria. Porque si bien es cierto que la vulnerabilidad esta al rais de la vergüenza, temor y la lucha con el sentirse digno, también es el lugar de nacimiento para el gozo, creatividad, pertenencia y amor.

¿De qué manera?

Bueno, porque cuando me doy la oportunidad de conectar con otros a pesar del riesgo, lo que pueda suceder, sino decir estoy agradecido porque el sentirme vulnerable significa que estoy vivo. Y vivo es que se experimenta el gozo, la creatividad, la pertenencia y amor. Lo más importante sobre todo es que aprendí a creer en mi en una nueva manera. Recuerdo muy bien una canción que ha tenido un profundo significado para mí, se llama "Creo Que Puedo Volar" por R-Kelly. Esta canción me inspira cada vez que la escucho, que mientras yo crea, puedo ser o puedo hacer lo que quiero en mi vida aún con una limitación física.

No sabía mucho acerca de la canción antes de perder la vista, aunque la llegué a escuchar, pero al quedar invidente, de repente comencé a escuchar las palabras más y más y la canción comienza a tomar otro jiro en mí. Cada vez que la escucho, pienso en todos los obstáculos que he vencido. Al inicio de mi accidente tuve que usar un bastón blanco debido a la limitación visual. llegué a un punto en mi vida donde yo estaba determinado a vivir una vida plena porque detestaba tanto aquella percepción del mundo hacia un invidente.

Así que, al no gustarme aquella manera de pensar de muchos, supe que tenía que creer en mí mismo para alcanzar la meta de vivir la clase de vida que podía vivir con Dios a mi lado. Aquí te dejo la letra de la canción:

Creo que puedo volar

Solía pensar que no podría continuar

Y que la vida no valía nada y era una horrible canción

Pero ahora que se el significado del verdadero amor

Me apoyo en los brazos del atardecer

Si puedo verlo, entonces puedo hacerlo

Si solo creo, no habrá nada más

Creo que puedo volar

Creo que puedo tocar el cielo

Pienso en cada noche y día

Extenderé mis alas y volare lejos

Creo que puedo elevarme

Me veo corriendo a través de la puerta abierta

Creo que puedo volar

Creo que puedo volar

Creo que puedo volar

Veo que estuve al borde del desastre

A veces el silencio puede hacerse tan fuerte

Más hay milagros en la vida y debo admitirlo

Pero primero debo saber que empieza por dentro de mí

Si puedo verlo, entonces puedo hacerlo

Si solo creo, no habrá nada más

PUES CREO en mí

Si puedo verlo, entonces puedo hacerlo

Si solo creo, no habrá nada más

SI SOLO EXTIENDO mis alas (podré volar)

Podré volar (podré volar)

Podré volar (podré volar)

Podré volar (podré volar)

Si solo extiendo mis alas (podré volar)

Podré volar

YO CREÍ en aquel momento y sigo creyendo que puedo volar cada vez más alto.

Ese día me sentí como en una nube desplegando mis alas. Sabía que, a partir de ese día, tendría mucho trabajo que hacer, pero como dice la canción: "Hay milagros en la vida que debo lograr, pero primero sé que comienza dentro de mí". Soy uno de los milagros de la vida.

Me he apoyado en los brazos de Mi Padre celestial y siempre he sabido que tenía que ser fuerte y que eso comenzaba dentro de mí. Desde que Dios uso esta canción, la cual fue una de las múltiples maneras que El uso para hablar a mi vida, he creído que puedo tocar el cielo; todavía tengo más obstáculos que superar, pero siempre creeré que puedo volar, siempre que lo crea.

Esa canción me describe tan bien que a veces pienso que fue escrita para mí. Sigo el ejemplo del águila de volar por excelencia y eso me he determinado, el volar a alturas por encima de las percepciones del sistema en el que vivimos.

Sigo siendo vulnerable y seguiré desplegando mis alas y creyendo.

Capítulo 8

La ceguedad es un regalo.

Nunca me imaginé que algún día lo diría ...

Yo me considero un soñador. No en el sentido natural donde uno se va a dormir y sueña, aunque ese tipo de sueño también lo disfruto porque es cuando puedo manejar un automóvil y nadie me dice que no puedo.

Sino el tipo de sueño donde se visualiza la clase de vida que se quieres tener. Afortunadamente muchos de los sueños que he tenido gracias a Dios se han realizado. Tener un hogar, familia, hijos, realizarme como predicador y viajar el mundo con un mensaje de esperanza, y vivir una vida plena a pesar de mi condición física.

Quizás para las personas videntes esto no es un gran sueño, pero para una persona que de repente se encuentra ciego en un mundo creado para videntes, es realmente un sueño el poder experimentar estas cosas.

Decía Hellen Keller, *"Lo único peor a no tener vista es no tener visión."*.

Una de las cosas que hace que la gente renuncie a los sueños para su vida es el sufrimiento. No podemos negar la realidad de circunstancias duras y difíciles. Recordemos que el dolor es parte de la vida natural del ser humano pero el sufrimiento es tu opción. Uno de los enemigos de los sueños es cuando aceptamos el sufrimiento como parte de nuestra vida.

El dolor no se puede evitar. Sufrir es tu decisión. Una persona que sueña no será exenta del dolor. Lo que tiene es que decidir no sufrir. Pero el problema es que muchas personas pasan la vida huyendo, por evitar el dolor. Si vives toda una vida tratando de evitar el dolor vivirás toda una vida huyendo y la persona que vive huyendo nunca alcanza nada.

Ahora, yo he venido a entender que una de las cosas que es el combustible para mi imaginación, es el de reinterpretar el dolor de la ceguedad como un regalo y decidir no abandonarme a una vida de sufrimiento y matar el potencial de soñar que Dios ha puesto dentro de mí.

A veces quisiéramos que Dios se sentara con nosotros y nos dijera por qué nos han pasado ciertas cosas, pero si Dios se sentara a explicarte por qué tú has pasado por lo que has pasado, ¿de qué te serviría? De nada.

Querido lector si la pregunta que te estás haciendo hoy es por qué te ha sobrevenido todo esto no hay respuesta, y no hay respuesta porque no la necesitas. Lo único que necesitas saber es que Dios vino a tu encuentro dándote otra oportunidad para que reinterpretes tu historia y que prosigas hacia delante soñando.

Definitivamente no todo sufrimiento que ha marcado tu corazón puede ser borrado, pero si puedes cambiar la interpretación de cada experiencia de ese sufrimiento de manera tal que no tengas que vivir permanentemente con una vieja historia de dolor y de sufrimiento, sino que puedas soñar para tener una nueva historia en tu vida.

Por eso es por lo que aprendí a reinterpretar mi dolorosa experiencia y llegué a la conclusión que la ceguedad es como un regalo que me ha enseñado valiosas lecciones de vida.

Antes consideraba la ceguedad como un vil enemigo que vino a robarme la luz dejándome para vivir una vida condenado a la oscuridad tanteando en incertidumbre por la vida. Sin embargo, a través de los años he aprendido algunas lecciones valiosas en mi experiencia de invidente que creo que son importantes compartirlas en este libro y animarte a seguir adelante con tu sueño y visión para tu vida.

El Apóstol Pablo dijo en Filipenses 4 que en todo y por todo somos enseñados y en Isaías dice …Mañana tras mañana *me* despierta, despierta mi oído para escuchar como los discípulos. Discípulo es aquel que se deja enseñar. Y esta se convirtió en mi oración diaria que el Señor me despertara día a día con un espíritu de discípulo.

Cuando inicialmente fui abruptamente empujado a un mundo de oscuridad por la trágica experiencia del tiro en la cabeza, fui entendiendo las complejidades de vivir como una persona sin vista en un mundo que no ha sido diseñado para personas videntes, me enfrenté a la inminente posibilidad de fracaso en mi vida.

Recuerdo que en aquel momento no podía articular ese encuentro con la realidad, pues había algo dentro de mí que yo consideraba que era peor que el mismo fracaso, que las personas estaban dispuestas para excusar el fracaso en mi vida solo por mi incapacidad. Esto para mí fue un reto tremendo.

Lo primero que el estar invidente me enseñó es que no se debe haber excusa para el fracaso por ninguna razón, aunque parezca justificable. Ahora, con esto no quiero decir que seamos misericordiosos excesivos o impacientes hacia aquellos que tienen alguna desventaja en la vida.

Yo creo que de alguna manera debemos compartir las cargas los unos con los otros. Dice en Romanos 15:5, "*Y que el Dios de la paciencia y del consuelo os conceda tener el mismo sentir los unos para con los otros.*"

Porque todos nosotros de una manera u otra enfrentamos puntos bajos en la vida. Lo que estoy diciendo es que el fracaso no discrimina en diferentes maneras y nos llega a todos.

Pero de la misma manera que el fracaso llega debemos hacer todo lo necesario para que por donde mismo vino se valla. He aprendido que cuando hay aparentemente una insuperable falta en un sistema, en el gobierno, carácter, o realidad física, hay la tendencia humana de excusar el fracaso.

Nos hacemos de la vista larga, hacemos caso omiso, y lo ocultamos hasta que nos conformamos con el fracaso y abrasamos la culpa. Y comenzamos a culpar todo o algún defecto sistémico y nos perdemos la oportunidad de escalar por esos obstáculos para elevarnos a nosotros mismo y elevar a otros.

Cuando quede invidente por la trágica experiencia de un tiro en la cabeza, una de las primeras cosas que mis familiares, amistades y seres queridos me decían con las mejores intenciones del mundo, directa o indirectamente, es que tuviera mucho cuidado porque hay gente mala en esta vida que te pueden hacer daño aprovechándose de tu ceguedad. Por ejemplo, me decían que me podían asaltar, no me devolverían el cambio correcto en alguna transacción, un carro me podría atropellar, y generalmente aprovecharse de mi porque estoy ciego.

Ahora, en mi experiencia y creo que en la de muchos de ustedes también, han descubierto que no toda la opinión pública es opinión correcta.

Y en algún momento decidí que no me quería sobre preocupar de todas esas probabilidades que solo amenazaban mi bienestar mental. No sé si fue algo consciente, pero tome una decisión de simplemente confiar en cada paso que daba. El confiar yo se que es un riesgo y llegué a la conclusión de que había tantas desafortunadas experiencias en la vida que han sucedido independientemente de que, si uno esta siego o no, y todo esto es solo el añadirle más preocupación a mi vida, y esto no era algo que estaba dispuesto hacer.

Amigo lector, esto no significa que yo soy irresponsable conmigo mismo, sino que decidí a verdaderamente confiar. La confianza trae esperanza y la esperanza trae Fe.

Confiar es la segunda lección que aprendí del maestro de la ceguedad.

Y honestamente fue una lección muy difícil de aprender. Porque esta lección tuve que aprenderla una y otra vez y la sigo aprendiendo. Y si, ha habido muchísimos momentos donde confíe en personas y por ellos no prestar atención, me golpee con una puerta de un carro, un poste de luz donde se me hincho un ojo, otras ocasiones me he derramado café encima, cuando camino con alguien de baja estatura y una rama de árbol se mete en mi ojo etc, y estas son solo algunas de muchas.

Y alguien puede preguntar: ¿Puede una persona ciega ser demasiado confiado? Yo soy de los que creen que la confianza no tiene día de expiración. La ceguedad me ha enseñado a seguir confiando, a seguir esperanzado, y seguir creyendo. Mi esposa y yo algunas veces salimos de compra.

Y nota que enfatizo la palabra algunas veces jajaja. - Porque mientras la mayoría de los hombres comparten mi sentir con relación a ir de compras con su esposa. Yo me siento de la misma manera por razones diferentes. Porque el ir de compras para la mujer yo firmemente creo que es un deporte femenino. Para la mujer se trata de comerse todo lo que ve alimentando la pupila del ojo con toda la mercancía a su alrededor.

Así que se pueden imaginar cuan rápido pierdo interés.

Y de repente me di cuenta como si fuera una revelación camino a damasco: ¡la vista puede ser una distracción!

Cuando mi esposa va de compras, no importando cuan buenas sus intenciones son, de solo comprar los artículos en su lista, de alguna manera ella termina llegando a casa con más de lo que fue a comprar.

Los "especiales," "Clarence," buenas "ofertas," siempre la distraen de su objetivo. Y aunque mi esposa es una fantástica y maravillosa mujer, y debo añadir eso porque voy para casa con ella y no quiero dormir en el suelo jeje.

Por favor no me mal interpreten, la vista es un precioso regalo de Dios. Sin embargo, en camino a tu destino, lo que ves también puede ser una gran distracción para alcanzar tu meta. Yo he aprendido que tienes que estar siego para enfocarte.

El enfoque es la ceguedad en un cierto sentido.

Muchos de ustedes estoy seguro, que se pueden relacionar con esto porque al estar enfocado en sus metas y lograr sus objetivos y éxito en la vida, han estado ciegos a las distracciones en la vida misma.

Ahora, vivimos en una cultura que estima la vista por encima de la ceguedad, y eso se entiende. Pero el problema está cuando piensan que la ceguedad es sinónimo de debilidad o camina paralela con la debilidad. La condición del invidente con la debilidad no tiene que ver con implicar el estar ciego, sin embargo, he sacado algunas fuerzas internas como motor de mi vida.

Cuando la realidad de la ceguera la enfrente, a la edad de 22 años, recuerdo que el gran peso de auto conmiseración y fracaso estaban sobre mis hombros y también recuerdo lo pesada que era esa carga era como llevar un elefante sobre mis hombros. Muchas veces la justificación es la incapacidad de reconocer una verdad. Y la incapacidad es la excusa más común. Se oye una y otra vez en nuestra sociedad, y ha sido pasada de una generación a la otra, y nunca ha sido olvidada. Algunos, estoy seguro me hubieran excusado si hubiera sido un fracasado en la vida.

Pero, me parece más satisfactorio romper con las expectativas de la mediocridad. Una cosa es verdad que siempre necesitamos de personas alrededor nuestro que nos aman para tener éxito en la vida, cualquiera que sea tu situación.

Quiero concluir reiterando las tres lecciones que el maestro de la ceguedad me enseñó en la jornada de mi vida.

No excusemos el fracaso por ninguna razón.

Confía aun cuando no tienes alguna razón. Y finalmente,

Atrévete a ser ciego para estar enfocado.

CAPÍTULO 9

LA FALTA DE VISTA ME DIO VISIÓN

CREO QUE TODOS PODEMOS ESTAR DE ACUERDO: CUANDO ERES joven te sientes invencible.

Y por primera vez en mi vida sentí lo que es sentirse frágil, indefenso antes las noticias de ceguera permanente. Recibir noticias como esas creo que le pone el mundo "patas arriba" a cualquiera. Solo semanas antes de la trágica experiencia me acostaba a dormir como una persona con vista completamente saludable Y ahora me estoy levantando como alguien que tiene la vista atrofiada.

Esta no es la manera que mentalmente pinte la imagen de mi vida, esta no era la forma en que mi historia debía ir. En aquel momento nadie me podía decir cómo yo le iba hacer en el futuro. Prácticamente me sentí en el limbo. Acababa de entrar a un territorio inexplorado de lo desconocido.

¿Cómo planificas tu futuro cuando el futuro se mira incierto?

Años después, mi vida se convirtió en una montaña rusa emocional, me enfrentaba a ataques tras ataques. De muchos altos y bajos. Era como sentirse secuestrado en la obscuridad sin poder salir confinado a la inseguridad. Me sentía atrapado y sin salida.

Al sentirme de esa manera luché una batalla campal dentro de mi mente porque no quería exponerme hacia la sociedad lleno de inseguridad. Ese sentimiento que estaba apegado a mi alma de la transición de pasar de una persona muy segura de sí misma al punto de tomar riesgos por la vida de narcotráfico que viví, y aunque ahora entiendo que era una seguridad mal canalizada.

Sabemos que la paz, la alegría y el equilibrio son el resultado de una vida bien canalizada. El Dios misericordioso y eterno permite que el espíritu verde florezca y que exponga el fruto más maravilloso, superando cualquier cosa que una lengua pueda expresar y un corazón conciba.

Si yo hubiera canalizado la seguridad en lo correcto hubiera obtenido los frutos de ello. Ahora me encuentro con esta guerra, batallando en mis pensamientos que producían este fuerte sentimiento de incertidumbre por no poder ver. Estos pensamientos por un tiempo se convirtieron en mis creencias. La creencia de que mi vida nunca podría volver a ser buena y ahora estaba condenado a una sentencia de oscuridad. La creencia de que como fui desobediente a la voz de Dios, y fui el causante de esto con mis decisiones fallidas, pues ahora me merezco vivir una vida de miseria y sufrimiento.

Hice todo lo posible para ocultar mi dolor, mi rabia, mi tristeza de todos los que me rodeaban. En mi interior me estaba desmoronando, pero afuera les proyectaba a todos que estaba bien cuando en realidad la inseguridad me estaba aterrando. Me acuerdo de que por mucho tiempo estando solo, en mi habitación, acostado en mi cama lo más quieto y en silencio posible checaba la vista de mi ojo izquierdo poniendo mis manos al frente del ojo, moviendo las manos y los dedos, me ubicaba frente al espejo del baño acercando mi rostro buscando, aunque sea ver algo, pero seguí con la misma respuesta ... no veía nada.

Habían pasado 4 meses de la trágica y traumática experiencia, ahora con 23 años y no podía creer que fui "blind sighted" que es una expresión en inglés para describir cuando alguien es atacado de sorpresa.

La inseguridad de un futuro tan incierto me hacía pensar en cómo les diría a mis futuros hijos que su papi no los puede ver, que no les podría enseñarles las cosas básicas de la vida, a mi hijo afeitarse con una rasuradora cuando llegara el momento y ser un hombre con todo lo que eso implica, a mi hija ser tratada como una dama para prepararla para el momento cuando jóvenes se interesen en ella, manejarlos en automóvil a la escuela, deportes, medico, y actividades familiares.

No sabía cómo ellos iban a entender todo eso.

Cuando mis hijos Serene, y Adam nacieron, y estaban alrededor de los 5 a 7 años, esa fue la conversación más difícil que tuve que dirigir. Y la parte más difícil para mí fue no poder ver la reacción de sus rostros. Siempre pensé en el fondo de mi mente que esta conversación la tendría que hacer en el momento que fuera padre pero nunca pensé que fuera tan emocionalmente desgarrador el escuchar el tono de desilusión de mis hijos cuando les explique la razón por qué papi no manejaba un automóvil, porque tenía que agarrar el hombro de las personas para ser dirigido por ellos, y caminar con un bastón blanco.

Pero a la misma vez ellos como niños al fin, fueron alentadores, motivadores, y me decían las cosas positivas solo como unos niños de esa edad pueden hacerlo.

Fui "blind sighted" me sentí sorpresivamente atacado por no esperar todo esto y eso incrementaba más la inseguridad. A lo largo de los meses siguientes mi familia y amistades se convirtieron en mi "salva - vidas" entre todo lo que una vez fui capaz de hacer y ya no podía hacerlo. Cosas que la gente ni si quiera pensaría dos veces por ser como un piloto automático, se convirtieron en grandes obstáculos para mí.

Debía tener un lugar específico para todo en la casa, "un lugar para todo y todo en un lugar", porque de no ser así no lo iba a encontrar. Cosas tales como elegir mi propia ropa vino a ser un gran reto para mí porque ya no podía combinar los atuendos. El sentimiento de inseguridad de cómo me voy a ver ante la gente me angustiaba inmensamente día a día.

Comer también vino a ser un reto porque el no poder ver los alimentos y su ubicación en el plato al principio se me dificultaba el apropiadamente comer sin hacer regueros en la mesa y en mi ropa. Las veces que por mi familia y yo no estar orientados en la destreza de comer como invidente, cuando extendía mi mano para agarrar mi bebida terminaba derramándola, creando un momento muy embarazoso para mí y para ellos.

Lo que le seguía añadiendo a la inseguridad. La vida se convirtió en algo extremadamente difícil de manejar con este gran peso de inseguridad. Era como volver aprender a vestirme, caminar, comer, relacionarme con personas, en fin, todo de nuevo.

Y en los días muy duros y de ellos hubo muchos, les preguntaba a mis seres queridos que me describieran las personas y lugares porque extrañaba mucho el poder verlos, y nunca quería olvidarme de ellos, era como que quería que aquellas memorias fueran injertadas permanentemente en mi mente para que fuera imposible olvidarlas. Cosas simples como el salir del sol en las mañanas, el rocío en la grama, los brillantes misiles de hielo en los árboles durante el invierno, las nubes, esas cosas pedía que me describieran. Esa eras las cosas que quería imaginar en un tiempo donde me sentía aislado, solo, y desconectado de la vida, esa eran las cosas que me traían un poco de consuelo.

Extrañaba el poder ver la vida, la vida que por un momento pensé que no podía ser buena era lo que más extrañaba. Mes tras largos meces y dos años de aburrimiento y oscuridad pasaron sin poder ver, aunque sea un poco de luz brillante al final de este tan oscuro túnel. Me lanzaron una bola curva en el camino al perder la vista, Pero misteriosamente, y digo misteriosamente porque no puedo articularlo, algo comenzó a suceder donde era un querer como el hacer donde un día necesitaba superar las inseguridades aprendiendo a distinguir las diferentes texturas de la ropa para identificar con lo que me estoy vistiendo.

Utilizando la memoria y los demás sentidos la incertidumbre al momento de comer ya sea en casa, restaurantes, y cuando visito familiares y amigos, ya no es una inseguridad que me limita.

Es cierto que tengo que estar consciente y muy bien orientado de todo lo que tengo delante de mí en la mesa, pero esos momentos vergonzosos comenzaron a poco a poco desaparecer. Aquello continuaba dándome cuenta de algunas mejoras sutiles en mis pensamientos y consecuentemente en mis emociones.

Comencé a notar una mejora en mi claridad mental. Mis pensamientos de alguna manera estaban más nítidos. Y casi tan pronto cuando me comencé a darme cuenta de estos sutiles cambios en mi forma de pensar y sentimientos, ocurrió algo que considero milagroso en mi ánimo, solo podría describirlo como este algo divino de un rayo de creatividad corrió por todo mi ser que se sentía como un relámpago, esta misteriosa urgencia de comunicar.

Entonces comencé cada vez que tenía la oportunidad con algún familiar o amigos, de buscar recursos para educarme de cualquier manera posible, mayormente a través de libros en audio. Esto puede que suene un poco loco o extraño, definitivamente para mí lo fue porque este fuerte sentimiento de querer comunicar sin poder ver para leer y escribir cuando en aquel tiempo no había los recursos de accesibilidad para invidentes que hoy tenemos, era sin duda para muchas personas algo inalcanzable.

De alguna manera tenía este fuerte sentimiento que estaba vivo y se me había dado algo asombroso de lo que una vez considere una pesadilla, y ahora se estaba convirtiendo en un gran sueño que tenía que comunicar.

Las escrituras siempre ha sido mi mayor impulso para seguir adelante así que empecé a usar algunos de muchos principios que tiene para mis sermones y crear bosquejos, aunque era algo foráneo se sentía sagrado porque algo fuera de mi se estaba moviendo a través de mí. Se sentía como que el dolor de todos esos años donde los pase vagando en pensamientos de porque me paso esto, finalmente tenía una salida.

Mi dolor tenía un propósito.

Comunicar para mí era mucho más que hablar a un grupo de personas, para mi representaba usar mi experiencia para dejarles saber a otros no importando su realidad que cualquier pesadilla se puede convertir en sueño.

Empecé a sentirme seguro, atrevido, y empoderado cuando comencé a visualizarme de esta manera.

Yo siempre fui el visionario de mi vida, pero tomo el perder la vista para poder ver el panorama más amplio, y darme cuenta lo que siempre he sido en Dios. Yo creo que mucho de nosotros abandonamos nuestro verdadero propósito en el camino cuando la vida se pone dura e imposible. Por un tiempo yo también lo hice.

Y perdemos el mensaje cuando Dios usa las experiencias que la vida nos ofrece, independientemente de las que llegan solas, porque en este mundo tendremos aflicciones, o de las que son auto infligidas por malas decisiones, dejando nuestro propósito de vida en las manos de las circunstancia o personas, en vez de dejarlas en las manos de aquel que tiene todos nuestros tiempos en sus manos.

Una vez estaba reflexionando sobre el Salmo 23 y recuerdo haber leído una paráfrasis de ese salmo escrito por Bill Gaultiére la cual me ayudó mucho para entender que tenía que seguir adelante y que Jesús cuidaba de mi alma:

El Señor Jesús es el pastor de mi alma

Que satisface todas mis necesidades y me hace sonreír.

Él consigue que deje de trabajar y para relajarme

Con él en los brazos amorosos de su Padre.

Él me lleva a un lugar tranquilo

Para estar quieto y saber que es Dios y yo soy amado.

Él sana y rejuvenece todo mi ser

Con su gracia de adentro hacia afuera.

Él sostiene mi mano en la encrucijada

y me hace caminar por el sendero de la vida.

A pesar de que voy a través de los tiempos oscuros y difíciles

No le temo a nada malo, porque tú estás conmigo.

Me disciplina en amor y conversa con paciencia conmigo

Para sacar lo mejor de mí.

Usted prepara una celebración para bendecir y honrarme –

Justo en frente de mis enemigos.

Tú me unges con tu Espíritu para ministrar a otros

De la abundancia de tu amor para mí.

Puedo contar con tu favor y tierna misericordia generosa

Vienes a mí a donde quiera que vaya.

Voy a vivir en la presencia de Cristo nuestro amado

En todas las cosas y en todo momento.

AMIGO, es posible que no podamos controlar las cosas que la vida nos entrega, pero siempre estamos en control de nuestras decisiones en momentos particulares.

Viviendo con una condición visual ha retado todo lo que yo pensaba que sabía de mí mismo y mi vida.

He aprendido que tú puedes sentir un gran miedo profundamente hasta los tuétanos de los huesos, y de todas maneras seguir adelante a pesar de las inseguridades.

Se ha dicho que valentía no es la ausencia de miedo, sino enfrentar las inseguridades a pesar del miedo.

Por lo tanto, no me pinto más como la víctima de mi historia, sino que soy el vencedor echándole mano a la vida y tú también lo puedes hacer. Porque la circunstancia actual no es un final, sino que es una causa.

Una causa es algo que provoca una reacción.

Es como si te empujaran al piso y la causa de que te cayeras fue el empujón, y la reacción fue caerte al piso. El problema es que la mente que no puede visualizarse de otra manera, lo que piensa es: Me caí y, porque me caí, ahí me quedare, esto es lo que voy a vivir porque me tiraron, esto es lo que voy a sufrir porque quede ciego. Pero, como persona que tienes propósito en Dios y que Jesús es el Pastor de tu alma, no puedes pensar de esa manera, no puedes mirar de esa manera, porque tú no eres víctima de la reacción, sino que en realidad lo que tienes es que creer en el misterio de por qué en verdad te empujaron.

¿Cuál es el misterio?

El misterio es Dios, quien siempre tiene el control de tu vida, y controla el ángulo del empujón para que caigas en el lugar correcto. El empujón que yo recibí al quedar siego fue demasiado fuerte, pero le doy gracias a Dios que El controlo el ángulo de mi caída, y caí en un lugar que me dio la oportunidad de ser quien soy. Confiar en esto y saber que Dios tiene el control y que Jesús es tu Pastor, es lo que te apasiona para levantarte, porque sabes que, aunque no conozcas por qué estás en el suelo, estás bajo su protección algo Él va a hacer, mientras estés ahí, y algo Él hará para ayudar a levantarte. ¡Él es tu Pastor!

Es este misterio lo que te mantiene apasionado en el lugar donde estás hoy, aunque desconozcas el porqué de lo que estas viviendo.

He aprendido que mi vida tenía mucho más valor con todos aquellos años y sigue teniendo valor hoy, pero no lo podia ver y para mí es muy interesante que tuve que perder la vista para entender la visión de mi vida.

Amado lector solo tenemos esta vida que puede ser en ocasiones desordenada produciendo mucha inseguridad y a su vez es gloriosa que nos entregara retos que vamos a pensar que son imposible y muy dolorosos de superar.

Deja que duela y gasta el dolor, pero nunca pierdas la esperanza que siempre está disponible para ti porque Jesús es tu Pastor.

Capítulo 10

Lo que la perdida no te puede quitar

Navegar la vida después de la ceguera ha sido mi gran reto por más de 25 años.

La impotencia es un reto que muchas veces como persona vidente, que aun siendo muy independiente de la persona que soy. La impotencia que otras personas hacen cosas con facilidad. El sentido de independencia aparece en mi vida al momento de enfrentarme con la dependencia en muchas áreas. Esto ha creado en mi un reto permanente. Como esposo, independientemente de ella, yo, pues me gustaría hacer muchas más cosas para ella y que por la condición, pues no me lo permite como tal.

Listo, como invidente que soy y esposo para mi esposa, pues son detalles que la mujer busca que necesita de su esposo aunque ella es muy comprensiva. Y siempre le buscamos la vuelta en detalle como el poder salir, abrir una puerta en el carro, mirar a su rostro, mirar cuando tiene un traje nuevo, un vestido nuevo y complementar su vestido, el poder ayudarla a ella cuando estamos en el ministerio viajando y poder yo manejar el carro en darle un descanso a ella. Quitarle la carga.

Imagínate si puedes, estar acostumbrado a ver al mundo con toda su belleza, y de repente, no puedes. Estas ciego. **La pérdida de la vista va mucho más allá de perder el campo visual.**

Es ser sumergido en un mundo de oscuridad física y emocional donde no puedes encontrar la salida fuera de la oscuridad

Cuando pensamos en lo que significa experimentar la ceguera, esto se conoce generalmente como la pérdida del campo visual.

Pero, por supuesto, es mucho más que eso.

Es la perdida de la familiaridad. La pérdida de la independencia personal. La pérdida de confianza y seguridad. La pérdida de la auto suficiencia y control. La pérdida del gozo. Y con demasiada frecuencia es la perdida de los deseos de vivir.

Todos hemos perdido algo o a alguien y después de esas pérdidas no hemos vuelto a ser las mismas personas. En cualquiera de la forma en que se puede perder. Ya sea por luto, en la muerte de un ser querido, por separación, divorcio, la perdida de la salud, perdida de asuntos emocionales. Como en mi caso donde perdí la auto estima, la esperanza, sentido de propósito, y hasta la perdida de la auto suficiencia produciendo un fuerte sentimiento de impotencia. Y por este sentimiento de impotencia, ahora vivía en constante preocupación todos los días, porque pensaba que si perdí la vista ahora que otras cosas en la vida voy a perder.

sentimiento de impotencia

Rápido el sentimiento de impotencia se apoderaba de mis emociones porque las cosas cotidianas de la vida que hacía automáticamente comenzaron a convertirse en una gran dificultad.

Cosas simples tales como higiene personal, cortar mis unas, rasurarme el rostro con la pregunta de que, si me había afeitado todo sin dejar nada, cepillarme el cabello cuando tenía, vestirme sin saber si la camisa estaba al revés, y otras cosas semejantes a estas que marcaban el sentimiento de impotencia.

Era tanta la impotencia que viví largos periodos de tiempo en ira, frustración, desesperación, y depresión.

Lo que me estaba sucediendo es que juntamente con la vista comencé a perderme yo como persona, estaba perdiendo la persona que era cayendo en un lugar muy oscuro emocionalmente.

Al ser mi vista arrebatada de repente y tan abruptamente los problemas de salud mental comenzaron a ser evidentes para mí, aunque lo ocultaba con mis seres queridos.

Estos problemas de salud mental se mostraban en ansiedad, angustia, una depresión asociada por el dolor.

Ahora, el dolor es realmente relacionado no solo por la pérdida del funcionamiento visual, sino también por la pérdida a seguir adelante en la vida que yo antes experimentaba.

Los síntomas de ansiedad y depresión se mostraban en desesperanza, miedo, aislamiento, la falta de deseo de continuar con las actividades que anteriormente disfrutaba. Milagrosa y misteriosamente dentro de los criterios humanos, yo creo que, por las oraciones de la Iglesia y mis seres queridos junto con una fuerte dieta de la palabra de Dios en audio, comenzó a haber un poderoso cambio en mi interior y comencé a entender que me ayudaron a recobrar lo que yo pensaba que había perdido o estaba perdiendo juntamente con la vista.

Gracias a Dios que entendí que lo peor que puede pasar no es haber perdido la vista, Sino perderme yo mismo en la crisis que estaba viviendo. En medios de circunstancias difíciles, La decisión más grande que uno puede tomar no necesariamente es aquella que cambie las circunstancias, sino aquella que evite que se pierda uno mismo, en medio de las circunstancias.

No son los retos de la vida los que están amenazando tu vida.

No es un cambio en las circunstancias lo que asegura.

Es el que tú vivas una vida de oportunidades y de victoria, sino que tú conozcas quién es tu Creador, que conozcas el propósito de Dios para tu vida, que vivas apasionado porque le sirves a un Dios que tiene poder, y que tú no vas a permitir que nada ni nadie se lleve lo más importante que El te ha dado:

Tu alma.

Porque lo más grande que Dios hace en tu vida es despertar tu alma,

que tú sepas que hay vida,

independientemente de la perdida que has tenido.

Todavía hay un mañana.

Hay posibilidades.

Hay oportunidades,

y hay para ti más futuro que historia.

ANTE LOS MOMENTOS DE CRISIS, se puede perder cualquier cosa, pero está de ti tomar las firmes determinaciones necesarias. Para que no se pierda lo más preciado, que es tú interior, tu manera de realmente conectarte con todo lo que Dios tiene para ti.

A pesar del sentimiento de impotencia, las personas ciegas siempre están resolviendo problemas no importando donde estemos. Me gustaría que pienses en algunas cosas y visualízate como las harías si no tuvieras la vista.

¿Cómo encontrarías el mostrador cuando estas pagando por algo?

¿Y cómo puedes estar seguro de que estas colocando tu tarjeta de débito en el lugar correcto?

¿Cómo encontrarías la lista de pisos en un edificio?

¿Y cómo puedes estar seguro en un elevador de que presionas el piso a donde necesitas llegar?

¿Cómo firmarías tu nombre en algún documento?

¿Cómo encontrar una silla basia en un local?

¿Cómo cogerías un auto bus o un tren?

¿Cómo usarías Google Maps?

¿Cómo navegar a por las redes sociales?

¿Cómo llenarías un vaso con agua, café, o jugo sin derramar nada?

¿Cómo sabes a quien invitar a una cita cuando estas soltero?

¿Cómo cuidarías de niños de meces con todo lo que eso implica?

Voy a hacer una simple asunción.

La gran mayoría de los lectores seguramente se están rascando la cabeza porque no tienen ni la menor idea de cómo hacer estas cosas sin la vista.

Y otros que probablemente figuraron estrategias para algunas o todas las cosas mencionadas en la lista.

Porque curiosamente hay personas que le gustaría experimentar como seria estar ciego por un poquito, no para siempre. Y probablemente hay un último grupo que no sabe ni que pensar y eso está bien, nada malo con sentirse así.

Conversaciones con mucha gente a través de los años me ha llevado a entender que alguno de ustedes curiosamente le gustaría entender como es estar siego, con la condición de que solo sería temporero.

Como muchos de ustedes cuando me encontré ciego, de igual manera me encontraba seguramente con demasiada confusión dibujada en mi rostro tratando de figurar como haría todas las cosas mencionadas en la lista.

Sin embargo, me di cuenta cuan rápido una persona invidente se convierte en uno que trae resolución a los problemas. Pude hacer todas esas cosas en la lista y muchísimas más de una manera creativa a pesar del sentimiento de impotencia.

Para mí la vida ahora es muy diferente, porque a pesar de no tener vista en realidad no la necesito para vivir trascendentalmente.

No tener visión 20/20 no es una incapacidad o inaptitud, sino que es solo el no tener el nivel de vista que la sociedad considera aceptable. Yo, no soy incapacitado por la falta de vista o por la falta de habilidades, yo soy considerado incapacitado porque el mundo vidente dice que lo soy.

Una de las cosas que tienden a suceder cuando se habla de una persona que tiene incapacidad visual u otra discapacidad, es que somos vistos como inusualmente extraordinarios por vivir una vida cotidiana.

Y existe esta asunción de que somos inusualmente extraordinarios que puede ser un problema.

No es que no me gusta ser considerado una persona notable por meterle pecho a la vida, a todos nos gusta ser considerado notable independientemente de que si tienes vista o no.

Sin embargo, estos puntos de vista no ayudan a derribar las barreras.

Déjame plantearlo de otra manera.

Para una persona vidente, el que no tiene la vista es admirable por todo lo que hace sin ella, y en la mente de un invidente todos los que ven son también admirables porque pueden ver.

Sin embargo, eso es solo porque pueden ver.

Pero a mí la vida me parece emocionante a pesar de no tener la vista

Hay muchos que encuentran mi vida interesante por todo lo que hago ciego y yo encuentro la vida de los que ven interesante por todo lo que ellos pueden ver que no existía cuando yo podia ver, pero al final del día ¿No estamos haciendo todos lo mismo?

Trabajando, pagando la renta-hipoteca, levantando familias, cultivando matrimonios, realizando proyectos, alcanzando metas, tratando de maximizar nuestra vida en el tiempo que nos ha tocado vivir.

Solo estamos un poco segregados en el proceso y lo hacemos de maneras diferentes.

Admito, que hubo un momento en mi vida donde pensaba y creía que para tener las mismas oportunidades que el resto del mundo, tenía que recobrar la vista.

Y balla que me equivoque.

Me equivoque simplemente porque todavía estaba intentando crecer en esta realidad.

Estaba intentando de entender quien yo era como el resto del mundo.

Y me alegro de haberme equivocado porque desde muy joven mi madre siempre decía que podia lograr lo que me propusiera.

Luego cuando perdí la vista me continuaba comunicando el mismo mensaje y aunque no me lo dijo de esta manera, yo lo entendía con esta frase: "lo único que tú no puedes hacer es ver, el resto es posible"

Y esa es la actitud que el mundo necesita.

No hay que cambiar las realidades que causa un sentimiento de impotencia en nuestras vidas para tener una vida productiva.

Todo esto tiene que ver con la percepción.

Y la percepción no se basa solo en nuestras habilidades, o la percepción de no tener ninguna.

Cuando uno es invidente la gente se da cuenta, uno sobresale como un dedo hinchado.

Y sobresalir está bien, siempre que uno pueda participar en el diario vivir sin que la gente piense que uno es deshabilitado porque no puedo ver como ellos.

Gracias a Dios he aprendido a ser una persona orientado a soluciones o a resolver problemas.

Y cuando me encontré invidente que me producía un sentimiento de impotencia gracias a Dios que no perdí la orientación a querer buscar solución para vivir como los demás que pueden ver.

Para mí el quedarme en casa con los brazos cruzados sin hacer nada viviendo una vida perdida sin cumplir el propósito de Dios, no era una opción para mí.

Y aunque al principio cada vez que proponía alguna idea muchos de mis seres queridos y amigos estaban serrados a las ideas, y yo entiendo, que mis familiares y amistades se preocupaban de que podía meterme en problemas. Sin embargo, hay veces que uno tiene que meterse en problemas. ¿De qué otra manera iba a aprender de mis errores?

En esta vida hay que cometer errores en el buen sentido de la palabra al igual como todas las demás personas en el mundo vidente.

Y yo sé que personas pueden ponerse nerviosos si yo manejo un automóvil (sonrisa).

Pero eso no significa que no deba intentarlo.

Yo he manejado un carro.

He corrido motoras.

He ido a escalar rocas en las montañas.

He corrido en lanchas.

He hecho submarinismo.

He nadado en el mar abierto.

He corrido bicicletas.

Corro con regularidad.

Me he montado en todo tipo de montañas rusas.

Viajo en avión, trenes, y buses independientes con regularidad.

Y he hecho muchas pero que muchas más, y las que me faltan por hacer.

Y al tener estas experiencias me ha permitido entender una cosa, las barreras no existen, somos nosotros las que las ponemos delante de nosotros.

POR ESO ES por lo que estoy siempre dispuesto a probar e intentar cosas nuevas, como escribir este libro, tener nuevas experiencias, enfrentar riesgos, o ampliar los límites, para enriquecer mi vida y la de otros.

Pero nunca a costa de la seguridad de nadie incluyendo la mía.

Como persona invidente he aprendido a estar muy consciente de mi entorno por mucho que no lo parezca.

Ahora, he trabajado duro para estar donde estoy hoy, aunque no yo sino la gracia de Dios en mí y por la gracia de Dios soy lo que soy, y su gracia para conmigo no resultó vana. (1 Corintios 15:10). Por eso comparto mi experiencia donde Dios me ha dado más futuro que historia y te sorprenderás lo mucho que mi aporte puede ayudar el mundo vidente, no en arrogancia sino en confianza.

Porque, así como gracias a Dios pude sobre ponerme al sentimiento de impotencia, yo sé que a ti amado lector podrá sobre ponerse a cualquier experiencia o condición que puedas estar viviendo. ¿Porque te digo esto?

Porque TODO lo puedes en Cristo que te fortalece.

CAPÍTULO 11

TORNANDO LAS LIMITACIONES EN POSIBILIDADES

UN DÍA TOME LA FIRME DECISIÓN POR LA GRACIAS DE DIOS, QUE la ceguera no sería un factor limitante en mi vida. De alguna manera descubrí lo que quería hacer en mi vida por más simple que pareciera lo miraría posible y como una aventura.

Mientras lees este último capítulo, me gustaría que pienses en los límites de tu vida para que los reinterpretes y te enfoques en lo que es posible.

Aquel, 7 de noviembre 1994 cuando desperté y abrí mis ojos por primera vez, nueve días después de mi trágica experiencia. Recuerdo que estuve en un estado profundo de inconsciencia conocido como el estar en coma, que, aunque estaba vivo, era incapaz de moverme o responder a mi entorno. Al estar en coma, no estaba consciente de la pérdida del campo visual y de la horrible noticia que me esperaba al despertar. El coma rara vez dura más de varias semanas. Las personas que están inconscientes durante más tiempo pueden quedar en estado vegetativo persistente o con muerte cerebral o pueden presentar problemas o secuelas diversas, físicas, intelectuales, o psicológicas.

Mi familia estaba muy angustiada al no saber cómo respondería cuando saliera de aquella coma.

Cuando finalmente estaba demostrando señales que estaba despertando y al abrir mis ojos, y estando todavía un poco sedado, me percate de que estaba escuchando las voces de mis seres queridos que al darse cuenta de que estaba reaccionando comenzaron a llamar mi nombre y hablar conmigo.

Recuerdo muy bien que yo podía escuchar la voz de mis tíos, pero no los podía ver. Escuche la voz de mi papá, pero no lo podía ver. La voz de mis primos y hermanos, pero tampoco no los podía ver. Y cuando finalmente escuche la dulce voz de mi mamá que me hablaba mientras me tomaba la mano, pero tristemente tampoco la podía ver.

Inicialmente, pensé que la luz estaba apagada o por la anestesia tenía la vista muy empanada. Traté de esforzar la vista entrecerrando y abriendo los ojos para ver a mis seres queridos, pero no los podía ver.

Comencé a desesperarme un poco por no saber en realidad lo que estaba pasando, y antes de que comenzara a hacer preguntas de repente escucho los pasos de alguien que se acercaba a mi camilla y con una voz desconocida me llamo por mi nombre, se presentó como un doctor y comenzó a explicarme todo lo que había sucedido por el trauma del tiro en mi cabeza mientras yo buscaba mirar el rostro de aquel doctor que me hablaba.

Después de aquella larga explicación de cosas que en ese momento no tenía ni la más remota idea de lo que me quería comunicar, hasta que me dijo que por el impacto de la bala y los nervios ópticos ser lacerados, estaría ciego y limitado de los ojos el resto de mi vida.

¿Limitado? Fue lo que resalto de aquella explicación.

Fue como que me apagaron las luces para siempre y nunca más volvieron a encenderse.

Era como que ahora no solo el mundo estaba invisible para mí, sino que yo ahora estaba invisible para el mundo.

Esto para mí fue muy doloroso hasta el punto de que me atrevo decir que me dolió más que el mismo impacto de la bala en mi cabeza. Algunas investigaciones han demostrado que la ceguera es la tercera condición física más temida después del cáncer y sida. Para mí esto es increíble porque nunca he escuchado que alguien se ha muerto por estar ciego.

Cuando escuchas la palabra ceguera a lo mejor la imagen que te cruza por la mente es una persona con un bastón blanco, lentes oscuros, sistema braille (sistema de lectura y escritura táctil pensado para personas invidentes) y ceguera legal. Yo no fui la excepción pues estas imágenes lo que gritan es... ¡limitación!

Y estos eran precisamente los recuerdos que como relámpago estaban en mi mente mientras aquel doctor me daba el diagnóstico, una vida completamente limitada por estar ciego. Cuando me dieron de alta del hospital, y salía con mi mama Elsie y mi tía Lucila por las puertas de aquella institución sentía el sol del día fuerte y directo en mi rostro, pero no podía ver el sol. Me pregunte: ¿Dónde está el sol?

Estaba perdido y realmente me sentía muy limitado.

Como iba a encontrar la manera de navegar por el mundo sin ver absolutamente nada, era un pensamiento completamente abrumador y la verdad el pensar en eso e imaginarme todas las limitaciones me elevaban mi nivel de ansiedad. Esto me lanzo a una crisis de identidad y estar preguntándome continuamente: ¿Dónde encajo en la vida? ¿Quién soy? ¿Para dónde voy? ¿Qué hago aquí? ¿Qué significa ser un ser humano completo?

Sentía una fuerte tensión de exclusión que sucedía porque todavía permanece el pensamiento en la sociedad de que si alguien no puede ver esta limitado en la vida. Esta es la lucha constante que he tenido que enfrentar socialmente donde se subestima la capacidad de un invidente por la percepción de la limitación. Por esta razón por un tiempo prefería estar en mi zona de confort y familiaridad en la casa donde fácilmente encontraba la cocina, el baño, la sala y especialmente mi cuarto de dormir, que vino a ser mi gran profunda y oscura cueva que nunca quería salir de ella para enfrentar las brillantes luces de escrutinio de la sociedad. Por causa de que estaba encerrado en mí mismo me estaba limitando, por causa de los prejuicios, por miedo y temor, y por causa de la fatiga emocional, de todavía no entender lo que Dios era y es capaz de hacer en mí y a través de mí, estaba dejando que una percepción errónea de la limitación me limitara.

En febrero de 1996, mientras me encontraba metido en la habitación, le abrí mi corazón a Dios y, en llantos, le pedí que me ayudara. Me sentía frustrado con aquella limitación, no solamente física, sino mental y emocional. Le clame de lo más profundo de mi corazón y de una manera inexplicable el Espíritu Santo obró en mi corazón de manera sobrenatural. En ese instante, la bondad de Dios se hizo más real en mí y la vida de Cristo comenzó a liberarme de esa limitación y a partir de ahí todo fue mucho mejor, fue como si un amor líquido hubiese sido derramado dentro de mí.

Gracias a este momento divino que causo que en vez de permitir que la traumática experiencia que me limitaba se convirtiera en piedra de tropiezo, sino que comencé a ser motivado a aferrarme más a Dios para salir adelante sobrepasando toda limitación entonces esa roca de limitación se convirtió en una roca como escalón para que yo creciera como ser humano.

En un momento dado me dije: Voy a sobrepasar esta limitación y sobrevivir a como dé lugar, manifesté con tanta determinación que hasta yo mismo me sorprendí. Ese mismo año, inspirado por el impetuoso deseo de compartir lo que Jesús estaba haciendo en mi vida, comencé a involucrarme más en diferentes áreas del sistema eclesiástico enseñando la palabra de Dios y así Dios uso el trabajar con el grupo de jóvenes, el departamento de misiones, y el proyecto de fondos para el templo para hacerme libre de esa limitación.

Después de algún tiempo, comencé a tocar congas en una banda (orquesta) de salsa cristiana dependiendo de la memorización y el oído. Algo que me ayudo a agudizar el sentido auditivo, trabajar en equipo con otros para juzgar el tiempo y las entradas y salidas en los arreglos musicales. Durante esos siete años aprendí fuertes valores de trabajar en grupo para lograr un objetivo musical. El tiempo que formé parte de la orquesta Ebenezer, hubo dos producciones discográficas de salsa cristiana donde pude realizarme como musico del género tropical. Hasta ritmo Dios le puso a mi proceso.

Para ese tiempo ya me había matriculado en una institución académica "Baruch College" en Nueva York que estaban ofreciendo cursos de computación para invidentes y viajaba desde Nueva Jersey por transportación publica para recibir mi educación. Mas adelante, comencé mis estudios teológicos con una organización americana interdenominacional Care Ministries, Inc. que ofrece preparación teológica para invidentes que en aquel tiempo lo hacían con libros en audio caset. También forme parte por tres años de la Fundación para Invidentes de Nueva Jersey y Dewitt and Associates en capacitación laboral en servicios de rehabilitación laboral. Para recibir mi educación, entrenamiento y preparación, la gran mayoría de las veces lo hice independiente en transportación publica y servicios de transporte.

Fue un reto tremendo porque en ocasiones no estaba seguro si estaba agarrando el bus o el tren correcto, en varias ocasiones me dejaban en el lugar equivocado y tenía de alguna manera figurar como tomar el bus o tren correcto. Hubo ocasiones que me dirigían a la transportación equivocada y terminaba en otra ciudad a horas de distancia de mi destino. Imagínate que horror, pero dentro de mí, resonaba aquella palabra que dice: "Porque no nos ha dado Dios espíritu de cobardía, sino de poder, de amor y de dominio propio (2 Tim. 1:7).

En todas estas actividades escucho mucho a las personas decir: "wow, ¿Él es ciego? ¿El hace todo eso? Y en ocasiones personas hasta cuestionaron si verdaderamente estaba ciego.

Esta temporada fue un tiempo de crecimiento para mí, pues atravesé por un divorcio de la cual tengo a mis dos hijos. Mi relación con Dios se fortaleció a pesar del dolor que el divorcio les causo a mis hijos. Una vez orando al Señor le decía que quería volverme a casar y fortalecer la relación con ellos. El Señor escucho mi oración, me dio una mujer que ama a Dios y ama a mis hijos. Aparte que entiende mi situación.

He aprendido a vencer todo tipo de cuestionamientos. Esto es igualmente genial y frustrante a la misma ves porque, por un lado, la gente está mirando que estoy viviendo por encima de las limitaciones y rompiendo estereotipos, y por otro lado las personas no deberían estar tan asombrados solo porque me ven haciendo cosas que ellos creen que una persona invidente no puede hacer. Sin embargo, yo sé que Dios todo lo usa para bien. Para mi bien y para el bien de la sociedad.

En mi experiencia, la mayoría de las personas tienen la idea errónea que aquellos de nosotros viviendo con ceguera solo caben en uno de dos estereotipos: indefenso o héroe.

Indefenso porque piensan que si ellos no me ayudan estoy indefenso en esta vida cuando hay muchísimas cosas que puedo hacer independiente, aunque las hago diferente.

Héroe porque puede sonar muy bien al ego, pero eso vuelve a la frase: "wow, ¿él es ciego?"

No es una obra de heroísmo el que haga algunas diligencias solo, o toque en una orquesta, o recibiera educación secular y teológica, o asumiera responsabilidad como esposo y padre de familia y cuidara a mis hijos, viaje por el mundo llevando un mensaje de amor y esperanza. Para aquellos de nosotros viviendo con ceguera, esto es solo nosotros viviendo nuestra vida como cualquier otra persona. Intentamos, tenemos éxito y fallamos igual que todos los demás. Así que entre indefenso y héroe hay mucho espacio para posibilidades y aventuras. En ocasiones, entiendo que por la manera en que ellos me hablan creen que lo que hago no es muy difícil de hacer, pero no es nada fácil.

Es una decisión de calidad y la gracia de Dios mediante su Espíritu Santo que nos fue dado sin medida, nos habilita para vivir más allá y por encima de las limitaciones de nuestra existencia. La biblia dice, en Juan 3:34, "Porque aquel a quien Dios envió, las palabras de Dios hablan, pues Dios no da el Espíritu por medida."

Mi amigo lector, en este último capítulo Dios te ha puesto en un espacio, en un lugar, en este tiempo que tiene límites, pero también te ha dado un espíritu que no tiene límites. En medio de los pocos recursos que puedas tener, el Espíritu sin medida que hay dentro de ti hace que logres más, porque ese espíritu que está en ti no tiene límites.

Que nada ni nadie te detenga. No importa el problema por el cual pasaste o estas pasando, la Biblia dice que tienes un espíritu sin límite. Dentro de ti hay algo más grande que las circunstancias en que estás viviendo. El espíritu del hombre no tiene límites, y lo ha llevado a querer romper los límites de aquello que sí es limitado. Y lo más grande de romper los límites, no es tan solo que vas a alcanzar la meta, sino todo lo que descubrirás en ese caminar. Deja que el Espíritu Santo te dirija al próximo nivel. Ten fe que vas a vencer todos los límites que pueda haber en tu vida. Rompe toda barrera que te ha limitado, y ve por más porque tienes más futuro que historia.

Hoy, al escribir estas notas, le doy gracias a Dios porque aquella divina experiencia de un día en febrero 1996 me motivo a lograr todo lo que me propusiera a pesar de la limitación, que, a partir de aquel momento, rara la vez se le ocurría a mi cerebro que hubiera algo que estuviera más allá de mi alcance.

Por eso es por lo que para mí ser parte de ayudar a otros encontrar su propio significado en la vida superando cualquier limitación, y alcanzar más allá de lo que alguien pudo pensar que era una barrera, me inspira a mí a seguir presionando más allá de mis propias limitaciones. Todos tenemos desafíos en la vida, y mientras la ceguera puede ser un limitador al mismo tiempo me ha dado la oportunidad para cambiar mi perspectiva, aprender cosas de una nueva manera y crear algo que es única y exclusivamente mío.

Usa la limitación a tu favor

Cuando comencé a dar predica-charlas me di cuenta divinamente que Dios me había preservado la vida con un propósito de ser un instrumento para inspirar a personas a llegar al conocimiento de Jesucristo y tornar enormes obstáculos reales o imaginarios en grandes oportunidades.

Y eso fue exactamente lo que hice con la ceguera. Comencé a mirarlo desde otra perspectiva y se convirtió en la más grande oportunidad de crecimiento. Si en esta vida he navegado y vivido lo que yo considero una vida plena teniendo más futuro que historia cumpliendo el propósito de Dios, Y si para mí fue posible hacerlo con solo cuatro sentidos. ¿Por qué? Porque solo tengo físicamente cuatro sentidos.

Considera hoy por un momento los resultados que puedes lograr en cualquier área de tu vida y en cualquier nivel que elijas, usando todos tus cinco sentidos diariamente. Todos tenemos diferentes retos en esta vida, en algunos días los míos pueden que sean más oscuros que los tuyos, y no tengo todas las respuestas, pero si te puedo decir esto: Que el día que dejé de mirar la ceguera como la gran limitación personal, y comencé a mirar esta condición desde otra perspectiva se convirtió en la más grande oportunidad que jamás pude haber soñado.

Cuando cambias la forma en que miras las cosas te garantizo que las cosas cambiaran de forma.

Hoy la gente me pregunta a menudo: ¿Héctor te gustaría poder ver? Y mi respuesta es: Ya puedo ver.

Amigo lector,

La vista es el trabajo de la pupila, pero la visión es el trabajo del corazón. Tú tienes más futuro que historia.

Atrévete a cambiar tu historia cambiando tu corazón.

CONTRAPORTADA

Hijo, esposo, padre y ministro.

Héctor es un individuo que por más de dos décadas ha tenido que enfrentar los retos del diario vivir a pesar de estar ciego. A pesar de que Héctor perdió su vista en el 1994 cuando recibió un balazo en la cabeza después de un asalto, Él ha tenido que aprender a hacer las cosas que los demás que tienen vista hacen, pero en la oscuridad.

El usa herramientas como su Alexa "Dispositivo Eco" para encender su televisión y escuchar las noticias en la mañana, su teléfono iPhone y Apple watch para hacer llamadas, su computadora para corresponder a sus correos electrónicos, elaborar sus sermones, y tareas cotidianas usando un programa llamado "jaws" que le habla al usuario.

Los fines de semana, cuando sale para sus compromisos ministeriales como orador y comunicador tiene que enfrentar los retos durante sus viajes en aeropuertos, estaciones del bus y trenes, Hoteles, las diferentes ciudades por donde tiene que navegar con su bastón blanco y la ayuda de "buenos samaritanos" a pesar del tráfico y las multitudes de gentes para cumplir sus responsabilidades de trabajo. Se aprenden patrones y trucos para llegar a diferentes lugares como contar y memorizar cuadras, contar escalones en los lugares que frecuenta, etc.

Héctor va a la misma barbería todas las semanas, al mismo banco, Iglesia entre otros lugares en su ciudad con los cuales está muy familiarizado. Fue tan increíble la realidad que Héctor estaba viviendo que en las mañanas no quería ni abrir los ojos porque no quería enfrentar que no podía ver. Héctor completamente perdió su ojo derecho donde ahora tiene una prótesis y por el ojo izquierdo no puede ver porque el nervio óptico fue destruido por el balazo.

Por muchos largos días, se quedaba en su habitación postrado en su cama con una gran depresión sin deseos de vivir. Así como la vista de Héctor se fue, también su sentido de propósito y significado en la vida se le esfumaba. Por un tiempo pensó que nunca iba a poder hacer las cosas que amaba y como persona quería realizar. Y alguien le aconsejo buscar información an a la comisión para invidentes del estado de Nueva Jersey que después encontró una comunidad que lo ayudo a adaptarse y desarrollarse como persona competente. Allí aprendió herramientas de movilización, consejos para desempeñarse en el hogar, y habilidades útiles en la computadora. Con la gracia de Dios ahora forma parte de una comunidad de miles de personas experimentando los retos de la vida sin la vista. Esto lo motivo poco a poco a encontrar Fe y propósito en la vida.

El aprendió que era mucho más capas de lo que creía y muy pronto comenzó a estudiar programas de computadora de asistencia para invidentes, a desempeñarse como predicador, maestro, esposo y padre de familia. La ceguera no ha detenido a Héctor para superarse a aprender, desarrollarse para vivir, trabajar, ser un esposo, cuidar y proveer a sus hijos, de realizarse y vivir una vida plena.

Si fuéramos a usar una palabra para describir a Héctor, es coraje. Coraje para salir al mundo y encarar todos sus temores diariamente. Porque cuando Héctor está enfrentando la vida con todo lo que eso implica, los temores no se van, sino que Héctor ha desarrollado el coraje para enfrentar los temores y no dejar que lo detengan.

Cuando Héctor ayuda a otras personas en su esfera de acción e influencia le da más coraje para seguir hacia delante y hacer más para el mismo porque de esta manera puede seguir bendiciendo a otros.